Margarete Imhof

Zappelphilipp, Hampelliese

Schulerfolg für unruhige Kinder

Cornelsen
SCRIPTOR

Die in diesem Werk angegebenen Internetadressen haben wir überprüft (Redaktionsschluss 31.10.2002). Dennoch können wir nicht ausschließen, dass unter einer solchen Adresse inzwischen ein ganz anderer Inhalt angeboten wird.

Cornelsen online http://www.cornelsen.de

Gedruckt auf chlorfrei gebleichtem Papier
ohne Dioxinbelastung der Gewässer.

Bibliografische Information
Die Deutsche Bibliothek verzeichnet diese Publikation in der Deutschen Nationalbibliografie; detaillierte bibliografische Daten sind im Internet über http://dnb.ddb.de abrufbar.

5.	4.	3.	2.	1.	Die letzten Ziffern bezeichnen
07	06	05	04	03	Zahl und Jahr der Auflage.

Redaktion: lüra – Klemt & Mues GbR, Wuppertal
Typografisches Konzept: Magdalene Krumbeck, Wuppertal
Fotos: Dirk Krüll, Panama/laif, Düsseldorf
Umschlaggestaltung: Magdalene Krumbeck, Wuppertal, Foto: Dirk Krüll
Satz und Repro: stallmeister publishing, Wuppertal
Druck und Bindearbeiten: Clausen & Bosse, Leck
Printed in Germany
ISBN 3-589-21573-9
Bestellnummer 215739

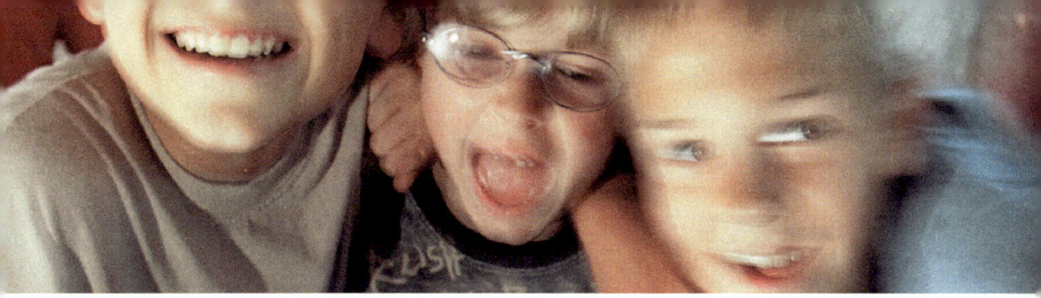

Inhalt

Vorwort

Noch ein Buch zum Thema Hyperaktivität und ADS? Ja und nein. Die Probleme besonders unruhiger oder unkonzentrierter Kinder und ihrer Familien finden zunehmend Beachtung in den Medien. In vielen Magazinen und populären Zeitschriften wird das Thema aufgegriffen, Fortbildungen, Elternabende, Podiumsdiskussionen und Vorträge dazu veranstaltet. Auch die Wissenschaft diskutiert es zurzeit heftig. Lehrer und Lehrerinnen kommen, gleich, vor welcher Klasse sie stehen, nicht um das Thema herum.
Eltern suchen nach Erklärungen und Hilfe und fragen sich mit wachsender Verzweiflung, ob mit ihrem Kind etwas falsch gelaufen ist.

Nur informierte Eltern können verantwortliche Entscheidungen treffen.

Dieses Buch will Eltern von Kindern im Grundschulalter informieren. Hyperaktivität ist nicht zwingend eine Krankheit, sie bereitet aber trotzdem so viele Probleme, dass die Familien Unterstützung suchen. Es ist sehr wichtig, ganz genau hinzuschauen. Dann finden sich Lösungen, die für Sie und Ihr Kind passen.
Im Alltag erprobte Anregungen helfen Ihnen, für Ihr Kind eine förderliche Umgebung zu schaffen, in der es seine Fähigkeiten und Begabungen optimal entwickeln kann.

Fehlstart! Was nun?

Besonders aktive und unruhige Kinder fordern bereits im Kleinkindalter die besorgte Aufmerksamkeit ihrer Eltern. Rastlos, ohne Ausdauer und im Verhalten impulsiv bis aggressiv stehen sie sich oft selbst im Weg. Freunde wenden sich bald völlig überfordert ab, die Erzieherinnen im Kindergarten zucken überfordert mit den Schultern. Und spätestens in der Schule wird die Situation richtig schwierig, obwohl hyperaktive Kinder in der Regel durchaus eine gute Intelligenz zeigen.

Eltern und Kinder erleben den Schulanfang mit einer gewissen Spannung. Sehr viel ändert sich, und neben der Aufregung und Freude auf einen neuen Abschnitt im Leben schwingen Ängste und Bedenken mit, ob alles gut klappen wird. Man wird abwarten müssen, wie das Kind mit den Anforderungen der Schule zurechtkommt, mit den Ansprüchen an die Konzentration, mit den regelmäßigen Aufgaben, aber auch, wie sich die Beziehungen zum Lehrer oder zur Lehrerin und zu den anderen Kindern in der Klasse entwickeln.

Vielleicht denken Sie, dass Ihr Kind noch zu verträumt und verspielt ist, um in der Schule bei der Sache bleiben zu können. Oder Sie finden Ihr Kind sehr lebhaft und unruhig und wissen, dass es beim Spielen aus heiterem Himmel einen Wutanfall bekommt, weil es vielleicht wieder einmal verlieren wird. Sie haben beobachtet, dass es seine Fähigkeiten nicht realistisch einschätzt, und fragen sich, was dies möglicherweise für die Schulzeit bedeutet.

Kopfüber in die Schule

Marvin ist sechs Jahre und besucht die erste Klasse. Er hatte sich sehr auf die Schule gefreut, war schon immer ein aktives Kind, das sich für viele Dinge interessierte. Die Erzieherin im Kindergarten sagte, er müsste unbedingt in die Schule, im Kindergarten würde er sich nur noch langweilen.

Erste Anzeichen: Das Kind wird als unruhig, unkonzentriert, vergesslich, unbeherrscht, ablenkbar beschrieben.

In der Schule ist der Junge unzuverlässig, vergisst und verliert ständig seine Sachen. Er zappelt mit Händen und Füßen und rutscht auf dem Stuhl herum. Wenn er still sitzen soll, rennt er durch das Klassenzimmer. Mit den Anforderungen im Unterricht kommt er zum Teil gut zurecht. Er liest gut und rechnet zügig und richtig. Beim Schreiben verkrampft er sehr. Er kann die Schriftformen nicht einhalten. Seine Schreibhand ist niemals locker. Bei den Übungen gelingen ihm höchstens die ersten Zeichen, danach wird alles krakelig. Seine Stifte sind ständig völlig zerbissen.

Bei den Klassenkameraden hat Marvin keinen Anschluss gefunden. Er drangsaliert die anderen, weil sie ihn nicht mehr mitspielen lassen. Beim Fußball ist er oft sehr ruppig. Wird er aber selbst angerempelt, flippt er sofort aus, schreit den anderen an und beginnt auch schon mal eine Schlägerei.

◀ Wenn in der Schule erste Schwierigkeiten auftreten, ist es wichtig, diese ernst zu nehmen.

Und dann geschieht es wirklich – von der Schule kommt ein Brief, in dem vielleicht Folgendes steht:

> **Sehr geehrte Eltern,**
>
> leider muss ich Ihnen mitteilen, dass Ihr Sohn Marvin in der letzten Zeit in der Klasse sehr auffällt. Trotz wiederholter Mahnungen arbeitet er im Unterricht nicht konzentriert mit. Er läuft durch das Klassenzimmer, wenn eigentlich alle sitzen sollen, lenkt die anderen Kinder ab und bringt Unruhe in die Klasse. Er bleibt nie lange bei einer Sache, unterbricht sich häufig und bringt Arbeiten nur mit Mühe zu Ende. Auch dass er nun allein am Tisch in der letzten Reihe sitzt, hat nicht den erwünschten Erfolg gebracht. Seine Hausaufgaben erledigt er meist nur unvollständig, wie ich Ihnen schon öfter mitgeteilt habe. Man muss jederzeit auf einen von Marvins Gefühlsausbrüchen gefasst sein.
> Ich bitte Sie daher dringend, dafür Sorge zu tragen, dass Ihr Sohn seinen schulischen Aufgaben nachkommt und lernt, sich angemessen zu verhalten.
>
> Mit freundlichen Grüßen ...

Kurz vor den ersten Weihnachtsferien haben die Eltern nun einen Termin bei der Klassenlehrerin, um über Marvins Schwierigkeiten zu sprechen.

Schon bald macht Schule keinen Spaß mehr.

Das ist es, was den Lehrkräften auffällt: Das Kind ist unruhig, kann nicht warten, fängt Arbeiten an und bringt sie nicht zu Ende, wirkt abgelenkt und platzt in das Unterrichtsgespräch hinein. Und dann flattert Ihnen ein Brief ins Haus. Vielleicht werden Sie aufgefordert, sich an eine Beratungsstelle zu wenden oder zum Arzt zu gehen, weil man dem Problem des Kindes mit erzieherischen Mitteln nicht beikommen könne. Gelegentlich gehen Lehrer oder Lehrerinnen auch noch so weit, eine Erklärung anzubieten: „Ich glaube, Ihr Kind ist hyperaktiv.“ Da sitzen Sie nun, den Brief in der Hand.
Auch zu Hause haben sich mit dem Schulanfang die Schwierigkeiten verschärft. Es kostet Sie viel Kraft, das Kind dazu zu bringen,

dass es seine Hausaufgaben macht und bei der Sache bleibt. Oft hat es völlig vergessen, was es überhaupt auf hat und was in die Schule mitzubringen ist. Immer wieder gibt es Streit, was wann wie zu tun ist. Des Öfteren werden Aufgaben „schlampig“ oder unvollständig erledigt. Überhaupt verliert das Kind ständig seine Schulsachen, die dann nachgekauft werden müssen.

Tipp

Wenn sich die Reibungen häufen, nehmen Sie sich am besten vor, noch genauer hinzusehen. Achten Sie bewusst auf die Kleinigkeiten. Auffälliges Verhalten ist manchmal ein Signal des Kindes für ein momentanes und vorübergehendes Unbehagen. Vielleicht finden Sie einen aktuellen Anlass, warum sich Ihr Kind belastet fühlt.

Ihr Kind war schnell enttäuscht von der Schule. Die anfängliche Neugier ist verflogen, die Schule ist nicht mehr „schön“ und der Spaß am Lernen ist dem Kind offenbar vergangen. Sie fragen sich, wie das weitergehen soll, was Sie tun können, um Ihrem Kind wieder eine positive Einstellung zu sich selbst und zur Schule zu vermitteln.

Auch andere Dinge wie etwa Aufräumen werden, wenn überhaupt, erst nach Bitten und Drängeln erledigt. Sie haben das Gefühl, hinter allem her sein zu müssen, auch bei Kleinigkeiten.

Das belastet mit der Zeit die eigenen Kräfte genauso wie das Verhältnis zu Ihrem Kind.

Aber ist Ihr Kind deshalb ein Problemkind? Ist es verhaltensauffällig oder sogar krank?

Die Kinder scheinen im eigenen Durcheinander unterzugehen.

Chaos-Kerstin

Kerstin ist neun Jahre alt und geht in die zweite Klasse. Sie wurde von ihren Eltern im Alter von drei Jahren adoptiert. Sie hat keine Geschwister. Die Lehrerin berichtet, dass Kerstin ihre Hausaufgaben oft nur unvollständig erledigt. Im Unterricht muss sie laufend zur Mitarbeit angehalten werden. Sie hat Schwierigkeiten, bei der Sache zu bleiben, und weiß oft nicht, was zu tun ist. Sie ist ständig im Klassenzimmer unterwegs, schaut in die Hefte und auf die Arbeiten der anderen. Ihr eigener Arbeitsplatz ist meist ziemlich chaotisch und voll mit Dingen, die sie nicht braucht. Die Lehrerin versucht zwar oft, mit ihr aufzuräumen, aber sie kann auch nicht immer hinterher sein.

Wenn die Lehrerin Kerstin ermahnt oder ihr helfen will, reagiert das Mädchen aufsässig und frech. Vor den Klassenkameraden gibt sie damit an, dass sie Ballettunterricht nehmen würde, was gar nicht stimmt. Sie hat keine Freundinnen. Sie lädt nie jemanden aus der Klasse zu sich nach Hause ein, und sie wird nicht eingeladen, weder zum Spielen am Nachmittag noch zu Geburtstagsfeiern. Kerstin sagt, dass ihr die Mädchen in der Klasse sowieso zu doof sind.

Der rasende Andreas

Andreas ist mit zehn Jahren einer der Kleinsten und Jüngsten in einer vierten Klasse mit 28 Kindern. Er sitzt ganz vorn beim Lehrerpult. Der Lehrer berichtet, dass Andreas seine ganze Aufmerksamkeit braucht und ständig daran erinnert werden muss, dass etwas zu tun ist. Oft hört er gar nicht zu, bis der Lehrer eine Aufgabe vollständig erklärt hat, sondern arbeitet einfach drauflos. Er ist bei Stillarbeiten meistens als Erster fertig, aber ihm unterlaufen oft Flüchtigkeitsfehler. Wenn er fertig ist, macht er Faxen, gibt laute Kommentare zur Aufgabe und zu anderen Dingen und läuft umher, während die anderen noch arbeiten.

Die Hausaufgaben werden zum Kampf.

Andreas sitzt allein an einem Tisch. Der Lehrer hat das veranlasst, weil Andreas seinen Banknachbarn gestört hat. Ständig hat er in dessen Heften und Arbeitsblättern herumgemalt, ihm Stifte und andere Dinge aus dem Schulmäppchen herausgezogen, und wenn der Banknachbar dann wütend wurde, schrie Andreas lauthals zurück.

Die Mutter berichtet, dass das Leben mit Andreas sehr anstrengend sei. Zu den Hausaufgaben ist er kaum zu bewegen. Es fallen ihm immer tausend Dinge ein, die er vorher erledigen muss. Wenn er sich hingesetzt hat, ist der nächste Kampf, dass er dranbleibt. Die Mutter sagt, sie müsse sich praktisch daneben stellen, weil er sonst nur „Blödsinn“ machen würde. Auch in der Freizeit sei Andreas nicht einfach. Seine halsbrecherischen Aktionen kosteten sie eine Menge Nerven. Am vergangenen Sonntag auf einer Familienradtour sei Andreas einen Berg hinuntergeschossen, ohne Rücksicht auf die Kreuzung. Es war viel Glück dabei, dass da gerade kein Auto war. Sie und ihr Mann hätten schon so oft gewarnt, aber es hätte keinen Erfolg. Immer wieder hält Andreas durch sein riskantes Verhalten alle in Atem.

Sind Kerstin und Andreas krank? Wenn ja, was fehlt ihnen und wie kann man ihnen helfen? Beide haben Probleme mit der Konzentration. Ihre Arbeiten sind durcheinander, ihre Sachen chaotisch. Sie können sich scheinbar nicht zügeln. In Krisensituationen ist es ratsam, zwei Extreme zu vermeiden: Man sollte nicht einfach wegsehen, bis die Schwierigkeiten einem über den Kopf wachsen. Man sollte sie aber genauso wenig dramatisieren, sondern zunächst einmal genauer hinsehen und überprüfen, was da alles zusammenkommt. Im Folgenden finden Sie dafür einige Anhaltspunkte.

Wichtigste Regel: Ruhe bewahren und nicht dramatisieren.

Wichtig: genau hinschauen

Wann und wo treten die Probleme auf? In mehr als einem Lebensbereich oder nur in der Schule oder nur in der Familie, nur im Freundeskreis oder nur in der Freizeitgruppe? Wenn sich Probleme auf einen Lebensbereich beschränken, dann liegt die Störung eher dort und weniger in dem Kind. Achten Sie auch auf Situationen, in denen die Probleme nicht auftreten. Was könnte die Probleme auslösen? Sind diese Auslöser zu kontrollieren?

Der erste Schritt zur Lösung ist immer eine genaue Analyse der Situation. Auffallende Verhaltensweisen sind nicht immer mit einer „Unart“ des Kindes zu erklären.

Stimmen die äußeren Bedingungen?

Wenn Kinder auffallend unkonzentriert sind und gar nicht still sitzen können, kann das an ungünstigen Umständen liegen oder durch diese verstärkt werden. Ist das Klassenzimmer zum Beispiel eng und muffig? Liegt es an einer viel befahrenen Straße? Sitzt das Kind am Fenster? Nicht alle Kinder können gleich gut mit solchen Ablenkungen umgehen. Das lässt sich leicht beheben, indem man die Kinder umsetzt.

Hat das Kind Blickkontakt mit dem Lehrer? Hat es einen ungehinderten Blick zum Zentrum des Unterrichtsgeschehens? Lehrer übersehen bei ungünstiger Sitzordnung die Schüler nicht immer gleichmäßig. Manche Kinder verschaffen sich dann auf ihre Weise Aufmerksamkeit.

Konzentriertes Verhalten kann bei verschiedenen Menschen ganz unterschiedlich aussehen.

Ähnlich geht es Kindern, die an akustisch ungünstigen Stellen sitzen. In einem halligen Klassenzimmer müssen sie sich ungleich mehr anstrengen als Schüler auf anderen Plätzen, weil die Geräusche alle gleichzeitig auf sie einprasseln: die Stimme der Lehrerin, das Scharren der Füße, das Kruschen in den Schultaschen. Kinder „melden" dann ihr Unbehagen durch das auffällige Verhalten.

Wie wird der Unterricht gestaltet? Kinder haben unterschiedliche Konzentrationsspannen und unterscheiden sich auch in ihrem Bewegungsbedürfnis. Es gibt Kinder, die besser intensiv und in kürzeren Phasen arbeiten. Andere hingegen lernen besser bei flacherer Konzentration, die sie dann aber länger durchhalten. Die Lehrkraft wird ebenfalls bestimmte Vorlieben haben und den Unterricht entsprechend strukturieren. Je nachdem, wie nun die Aufmerksamkeitsphasen der Kinder zum Unterricht passen, werden die Kinder unterschiedlich gut mithalten können.

Unterricht, in dem alle zur gleichen Zeit dasselbe machen müssen und auch noch gleich lange, kann wegen der unterschiedlichen Voraussetzungen ziemlich ungerecht sein. Wer anders arbeitet als die meisten, kommt in Schwierigkeiten. Manche „klinken" sich regelrecht aus. Andere überspielen ihre Nöte, indem sie den Klassenclown spielen, sie sichern sich auf diese Weise Aufmerksamkeit. Wieder andere hampeln unmotiviert herum.

Gibt es klare Regeln?

Selbstverständlich gelten in Gruppen bestimmte Verhaltensregeln. Das trifft für die Familie genauso zu wie für die Schulklasse. Schwierigkeiten gibt es erst dann, wenn diese Regeln nicht konkret benannt und nicht konsequent eingehalten werden. Das kann für manche Kinder ein größeres Problem sein als für andere. Heikel wird es, wenn in der Familie andere Regeln gelten als in der Schulklasse oder wenn bei verschiedenen Lehrern und Lehrerinnen unterschiedliche Dinge erlaubt oder verboten sind. Kinder, die klare Regeln vermissen, fallen auf. Das Problem liegt dann aber nicht darin, dass sie „gestört" sind, sondern dass ihnen die entsprechenden Grenzen fehlen. Kinder, die zur Unaufmerksamkeit neigen, kommen besser zurecht, wenn die Regeln klar eingehalten werden.

> **Tipp**
>
> Suchen Sie in möglichst vielen verschiedenen Richtungen nach den Gründen für die Schwierigkeiten, die Ihr Sohn oder Ihre Tochter in der Schule hat. Sie sind selten von einer einzigen Ursache abhängig.

Sind Augen und Ohren in Ordnung?

Dann gibt es auch noch organische Ursachen. Kinder, die schlecht hören oder sehen, verhalten sich manchmal ähnlich wie ein überaktives Kind mit großen Konzentrationsproblemen. Vielleicht braucht das Kind eine Brille oder Hilfen für das Gehör. Oft stellt man solche Dinge erst fest, wenn Kinder in die Schule kommen.

Ist das Kind überfordert?

Kinder können Verhaltensauffälligkeiten entwickeln, wenn sie auf falsche Weise gefordert werden. Manche Kinder verkraften die vielen Veränderungen durch den Schulanfang nicht. Sie müssen gleichzeitig lernen, regelmäßig zu arbeiten, sich geistig anzustrengen, dürfen nicht mehr wie im Kindergarten aufstehen und herumlaufen und sie müssen mit neuen Klassenkameraden in einer plötzlich sehr viel größeren Gruppe umgehen können. Manche Kinder schaffen das nicht so leicht, auch wenn sie den Schulreifetest gut bestanden haben oder die Erzieherin im Kindergarten mit

Nachdruck behauptet: „Der Marvin kann und muss jetzt endlich in die Schule!“

Neben den Belastungen durch den Schulanfang können auch Spannungen und Konflikte in der Familie zu Verhaltensauffälligkeiten führen. Schüler können sich in der Schule nicht auf ihre Rechenkästchen konzentrieren, wenn sie einen elterlichen Streit noch im Kopf haben. Auseinandersetzungen in der Familie bringen die Kinder oft dazu, sich schuldig zu fühlen und absichtlich oder unabsichtlich zu versuchen, auf ihre Weise das Problem zu lösen. Wenn das Kind durch seine Verhaltensweisen die Aufmerksamkeit auf sich lenkt, dann streiten die Eltern nicht mehr über andere Dinge. Natürlich setzen Kinder diese Mechanismen nicht bewusst ein.

Problematisches Verhalten kann auch eine Reaktiom auf äußere Veränderungen und Anforderungen sein.

Wie lange geht das schon so?

Sie können das Problemverhalten Ihres Kindes besser verstehen, wenn Sie überlegen, wann und unter welchen Umständen die Schwierigkeiten zum ersten Mal aufgetreten sind. Von Aufmerksamkeitsstörung und Hyperaktivität im engeren Sinne spricht man nur, wenn die entsprechenden Symptome bereits vor dem sechsten Lebensjahr oder vor dem Schuleintritt beobachtet worden sind und bereits länger als sechs Monate dauern. Verhaltensweisen, die zeitweise und in Verbindung mit einem aktuellen Ereignis auftreten,

Es ist nicht leicht zu erkennen, wann Kinder wirklich Probleme haben.

Tipp

Schuldgefühle helfen niemandem. Lassen Sie sich dadurch nicht dazu verleiten, immer mehr Druck auf das Kind auszuüben, indem Sie immer mehr kontrollieren und immer mehr an zusätzliche Übungsaufgaben verlangen. Ein Teufelskreis von Druck und Verweigerung entsteht schnell und ist schwer zu durchbrechen.

sind kaum durch Aufmerksamkeitsstörungen und Hyperaktivität zu erklären.

Welcher Maßstab gilt?

Bei der Beurteilung von Verhalten kommt es immer auch auf die Elle an, an der man es misst. Man kann das Kind mit den Mitschülern vergleichen, aber dann wird ein lebhaftes Kind in einer vergleichsweise ruhigen Klasse bereits als überaktiv auffallen, während dasselbe Kind in einer insgesamt aktiveren Klasse kaum aus der Gruppe herausfallen würde.

Sinnvoller ist es daher, das Verhalten eines Kindes mit dem Verhalten zu vergleichen, das man normalerweise von einem gleichaltrigen Kind erwartet. Lehrer und Lehrerinnen berufen sich häufig auf ihre breite Erfahrung mit Kindern dieser Altersgruppe. Den meisten Eltern fehlt der Vergleich. Selbst wenn Sie mehrere Kinder haben, ist das, was ein Bruder oder eine Schwester im selben Alter konnte, kein zuverlässiger Maßstab. Da Kinder sich in ihrer Entwicklung enorm unterscheiden können, ohne dass dies bedenklich sein muss, ist es im Zweifel der beste Rat, einen Experten aufzusuchen. Das kann zum Beispiel der Schulpsychologe oder ein Kinderarzt sein.

Schließlich könnte man das Verhalten eines Kindes auch nach dem beurteilen, wie man im Laufe der Zeit erlebt hat. Wird ein Kind plötzlich ruhelos und ist dauernd außer Rand und Band, kann es sich plötzlich nicht mehr konzentrieren oder wird es von nun auf jetzt launisch und unberechenbar, dann sollten Sie auf jeden Fall überprüfen, was es aktuell verkraften muss. Hier können kritische Ereignisse wie Scheidung der Eltern, Geburt eines Geschwisters, Umzug, Verlust von Freunden oder Lehrerwechsel eine Rolle spielen. Manchmal antwortet das Kind aber auch auf „kleinere“ Ereignisse, etwa wenn das Lieblingstier gestorben ist.

Folgen des Anfangsverdachts

Wenn sich die Schwierigkeiten häufen und es von allen Seiten heißt, dass mit dem Kind etwas nicht stimmen kann, zieht das oft weitere Probleme nach sich. Schuldzuweisungen, Ratlosigkeit und Selbstvorwürfe nagen an den Eltern. Die ganze Erziehung steht in Frage. Vielleicht wollen Sie vermeintliche oder tatsächliche Versäumnisse jetzt ausbügeln und wenden sich dem Kind in besonderer Weise zu. So fällt Ihnen natürlich alles noch mehr auf, Sie hören buchstäblich „das Gras wachsen". Oder Sie versuchen, mit dem Kind besonders streng zu sein, zusätzliche Übungszeit anzusetzen und genauer hinzuschauen. Die Kinder spüren diesen Druck und fühlen sich schikaniert, obwohl Sie es eigentlich nur gut meinen. So kann sich gleich am Anfang ein Verhalten einschleichen, das in einen Teufelkreis ohne Entrinnen führt.

Vermeiden Sie Überreaktionen und suchen Sie in Ruhe nach Erklärungen.

Wenn man einmal einen Verdacht hat, dann hat man oft ein Aha-Erlebnis und glaubt, immer mehr Anzeichen für eine Störung zu erkennen. Versuchen Sie, dieser Tendenz entgegenzusteuern. Suchen Sie gezielt nach Situationen, in denen die Schwierigkeiten nicht auftreten. Überlegen Sie, was in diesen Situationen anders ist und ob sich das auf die problematischen Situationen übertragen lässt. Versuchen Sie, sich ein möglichst umfassendes und in die Einzelheiten gehendes Gesamtbild zu verschaffen. Voreilige Diagnosen gehen oft in die Irre. Wenn Sie die Fragen in der Checkliste eingehend beantworten, sind Sie vermutlich ein Stück weiter.

Beobachten Sie das Kind in möglichst vielen verschiedenen Situationen und notieren Sie sich gegebenenfalls Einzelheiten. Vorsicht ist schon allein deswegen geboten, weil sich auch ganz „normale" Kinder ähnlich wie die so genannten hyperaktiven Kinder verhalten und deswegen noch nicht im strengen Sinne des Begriffs aufmerksamkeitsgestört oder hyperaktiv sind. Die Suche nach möglichst vielen Erklärungsmöglichkeiten für ein schwieriges Verhalten lohnt sich immer. Aber die eigentliche Diagnose muss man Fachleuten überlassen.

Für eine Diagnose muss das Problem ausführlich beschrieben werden. Daher sind Einzelheiten und genaue Beobachtungen wichtig.

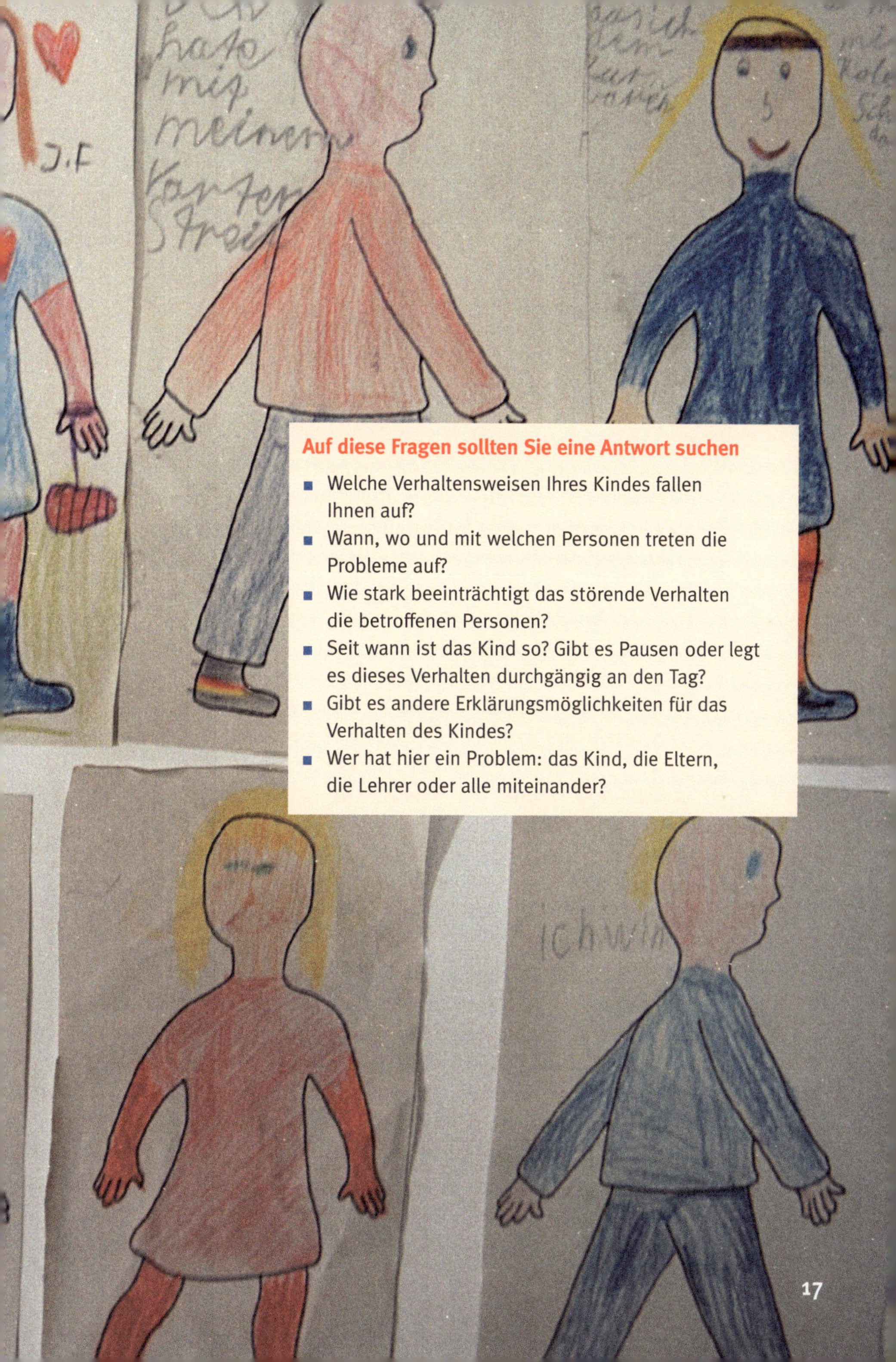

Auf diese Fragen sollten Sie eine Antwort suchen

- Welche Verhaltensweisen Ihres Kindes fallen Ihnen auf?
- Wann, wo und mit welchen Personen treten die Probleme auf?
- Wie stark beeinträchtigt das störende Verhalten die betroffenen Personen?
- Seit wann ist das Kind so? Gibt es Pausen oder legt es dieses Verhalten durchgängig an den Tag?
- Gibt es andere Erklärungsmöglichkeiten für das Verhalten des Kindes?
- Wer hat hier ein Problem: das Kind, die Eltern, die Lehrer oder alle miteinander?

Was Sie wissen sollten

Ihr Kind kann keine fünf Minuten still sitzen, bleibt nie länger bei einer Sache und muss sofort alles loswerden, was ihm gerade durch den Kopf geht? Fachchinesisch: Ihr Kind ist motorisch unruhig, unkonzentriert und impulsiv? Das kann auf eine Störung hinweisen, die viele Namen hat. Man spricht vom Aufmerksamkeitsdefizit-Syndrom in Verbindung mit Hyperaktivität (ADHS) oder von einer hyperkinetischen Störung. Fehlt die Ruhelosigkeit, wirkt das Kind sehr verträumt, langsam und eher schusselig, ist aber trotzdem nicht in der Lage, sich zu konzentrieren, verwendet man den Ausdruck Aufmerksamkeitsdefizit-Syndrom (ADS). In dem Wort Syndrom steckt der Hinweis, dass es bei dieser Diagnose immer um mehrere Auffälligkeiten in unterschiedlicher Zusammensetzung geht.

Auffällige Verhaltensweisen können Anzeichen für eine vorübergehende Krise sein.

Die Bezeichnungen stammen aus Tabellen zur Einordnung von psychiatrischen Störungen im Kindesalter. Man sollte aus mehreren Gründen vorsichtig mit ihnen umgehen.

1. Die Probleme sind in jedem Einzelfall unterschiedlich gelagert. Ein Kind ist vor allem zappelig; bei dem anderen stehen die Konzentrationsschwierigkeiten im Vordergrund und bei wieder einem anderen die Unbeherrschtheit.

2. Es gibt Kinder, die unruhig, unkonzentriert und unbeherrscht sind und trotzdem nicht in Behandlung gehören, weil die Probleme weder stark noch häufig genug auftreten. Unbestritten brau-

chen aber auch diese Kinder und ihre Eltern Hilfe und Betreuung.
3. Konzentrationsschwierigkeiten sind manchmal Teil einer umfassenderen Problematik, etwa Entwicklungsstörungen in den Bereichen Sprache oder Bewegung.
4. In gewissem Rahmen sind dieselben Verhaltensweisen wie bei hyperaktiven Kindern Teil der ganz normalen Entwicklung oder auch Ausdruck einer außergewöhnlichen, momentanen Belastung.

Aufgedreht und aggressiv

Felix ist acht Jahre alt und wohnt mit seiner Mutter und seiner zehnjährigen Schwester bei den Großeltern. Die Mutter ist berufstätig und kaum zu Hause, sodass Felix hauptsächlich von seiner Oma betreut wird. Die Mutter berichtet, dass Felix schon während der Schwangerschaft sehr unruhig gewesen sei. Als Baby habe er extrem wenig Schlaf gebraucht, jahrelang nur zwei Stunden geschlafen und den Rest der Nacht geschrien. Beim Schreien blieb ihm oft die Luft weg. Dieser Belastung – der ständigen Gereiztheit, dem Streit um das richtige Verhalten gegenüber Felix – hatte die Ehe der Eltern nicht standgehalten. Sie wurde geschieden, als Felix zwei Jahre alt war. Die Mutter schiebt die Schuld für das Auseinanderbrechen der Familie auf den Sohn.
Nach der Trennung zog die Mutter mit den Kindern in das große Haus der Eltern. Dort übernimmt die Großmutter den Haushalt. Sie wirft ihrer Tochter vor, sich nie richtig um die Kinder gekümmert und ihre Ehe nicht ernst genug genommen zu haben. Felix' Mutter hat es aufgegeben, ihrer Mutter zu widersprechen. Ihr ist es ganz recht, dass diese die Kinder betreut.
Den Jungen hat sie „abgeschrieben“. Sein Zimmer ist ein einziges Chaos. Bei seinen Wutanfällen zerstört er alles, was er in die Hände bekommt, eigene und fremde Sachen. Von der Schule kommen fast jede Woche neue Hiobsbotschaften über Zerstörung, die Felix angerichtet hat, und Schlägereien, die er angezettelt hat. Wenn er gefragt wird, wieso er das macht, schiebt er die Schuld gern auf andere. Später erhält Felix Medikamente, die aber die Mutter in eigener Re-

Erziehungsfragen können eine Ehe sehr belasten. Suchen Sie rechtzeitig Rat.

gie absetzt, weil sie gegen Psychopharmaka eingestellt ist. Die Lehrerin lädt sie immer wieder zu einem Elterngespräch ein, aber sie geht nicht hin, weil sie die Horrorgeschichten nicht mehr hören will. Das ist vielleicht verständlich, aber wenig hilfreich.
Die Lehrerin macht bald das „unmögliche“ Erziehungsverhalten der Mutter für die Probleme verantwortlich.

Zappelig, unkonzentriert und unberechenbar

Johannes ist neun Jahre alt und besucht die dritte Klasse der Grundschule. Er lebt mit seinen Eltern und den beiden älteren Brüdern in einem kleinen Dorf, in das die Familie vor kurzem gezogen ist. Die Eltern wollten, dass die Kinder Platz zum Spielen haben.
Seine Lehrerin hatte die Mutter unterstützt, den Jungen der Schulpsychologin vorzustellen. Seine Schulleistungen sind durchschnittlich, Sorgen bereitet sein Verhalten. Die Lehrerin staunt häufig, was der Junge doch weiß, obwohl er im Unterricht unaufmerksam wirkt und sich und die anderen ablenkt. Er ist ständig in Bewegung und kann nicht bei der Sache bleiben. Im Unterricht hat er die Angewohnheit, unvermittelt von seinem Stuhl aufzustehen und sich quer über den ganzen Tisch zu werfen.

Ein Dauerbrenner unter den Streitthemen: Hausaufgaben.

Sein Arbeitsstil ist schlampig. Er macht Eselsohren in Bücher und Hefte, verkleckst und verknittert Arbeitsblätter. Seine Arbeiten sind häufig nur hingeschmiert, obwohl er sehr lange dafür braucht. Er verlegt und verliert oft seine Schulsachen, sodass seine Mutter viele Dinge nachkaufen muss. Er geht mit seinen Sachen auch nicht pfleglich um, wirft die Büchertasche ins Eck und lässt Dinge wahllos liegen.
Wenn er mit anderen spielt, will er bestimmen, was gespielt wird, und wird wütend, wenn er verliert. Seine Mitschüler lachen ihn dann aus.
Mit der Mutter zettelt Johannes jedes Mal eine Debatte an, wenn sie von ihm etwas verlangt. Speziell bei Hausaufgaben sucht Johannes immer neue Ausreden, um aufstehen zu können. Der Vater hält sich aus der Erziehung der Kinder weitgehend heraus, weil es Sache seiner Frau sei.

Laut, ungeschickt und schnell provoziert

Berti ist mit elf Jahren einer der älteren in seiner vierten Klasse. Seit gut sechs Monaten geht er in diese Schule, weil seine Mutter zu ihrem neuen Lebensgefährten aus der Großstadt in das Dorf in das Haus von dessen Mutter gezogen ist. Bertis Eltern hatten sich getrennt, als Berti fünf Jahre alt war. Der Junge lebte bis zu dem Umzug allein mit seiner Mutter in der Stadt. Einmal im Monat besucht er für ein Wochenende seinen Vater, der in der Stadt geblieben ist. Berti hat schon mehrere Frauen kennen gelernt, mit denen sein Vater eine Weile zusammen war.

Hyperaktive Kinder brauchen klare Grenzen.

Seit seinem Schuleintritt ist er aufgrund seiner sprachlichen und motorischen Probleme mit Misserfolgen konfrontiert, die er nur schwer erträgt. Während der bisherigen Grundschulzeit wurde er vom mobilen sonderpädagogischen Dienst betreut. Mit dieser Unterstützung konnten Bertis aufbrausende Wutanfälle einigermaßen kontrolliert werden. In der neuen Klasse ist er auf sich gestellt. Er ist schnell unbeliebt wegen seiner Ungeschicklichkeit und seinem aggressiven Umgangston. Wegen Kleinigkeiten fängt er eine Schlägerei an. Wenn ihn jemand auslacht, kann er ganz rabiat ausrasten und wehrt sich mit seinen Fäusten.

◀ Oft verstehen hyperaktive Kinder nicht, warum eine Situation entgleist.

Bertis Schulleistungen waren bisher durchschnittlich. Die Schule gefällt ihm eigentlich gar nicht, außer Mathe, er löst gern Aufgaben, Sachaufgaben allerdings weniger gern. Schreiben fällt ihm schwer. Meistens ist seine Schrift sehr kantig. Im Umgang mit dem Computer ist er allerdings äußerst geschickt. Berti hat sein eigenes Zimmer mit eigenem Fernsehgerät und PC.
Seine Mutter kommt mit ihm nicht gut zurecht. Sie fühlt sich von den täglichen Streitereien und Schreiereien überfordert. Auch der Mutter gegenüber geht Berti schnell hoch. Sie meint, nicht gegen Berti anzukommen, ohne ihn auch mal hart anzupacken und anzuschreien, und gibt ihm schon mal einen Tag lang Stubenarrest. Wenn sie solche Strafen verteilt, fühlt sie sich schlecht und macht Berti dann ein „Friedensangebot", etwa dass er länger als sonst am Computer spielen darf. Der Lebensgefährte der Mutter hält sich weitgehend aus der Erziehung heraus. Er greift selbst dann nicht ein, wenn er sieht, dass Berti etwas mit Absicht zerstört.

Sehr häufig kommen mehrere Probleme zusammen.

Wegen seiner Sprachprobleme ist Berti in logopädischer Behandlung. Die Übungen zu Hause hat die Mutter aber schon lange eingestellt, weil der Kampf zu groß ist, bis Berti endlich mitmacht.
Wenn Berti beim Vater zu Besuch ist, darf er alles. Der Vater unternimmt mit seinem Sohn jedes Mal etwas Besonderes, Radtouren oder einen Besuch im Zoo. Wenn Berti von so einem Besuch zurückkommt, ist er besonders schwierig, meint die Mutter.

Ein Problem unserer Zeit?

Man sollte nicht denken, dass die unruhigen und unkonzentrierten Kinder ein Problem unserer hektischen, modernen Welt sind. Schon im 19. Jahrhundert hat man die speziellen Probleme der überaktiven, unkonzentrierten Kinder beschrieben. Mit Heinrich Hoffmanns „Struwwelpeter" und vielen seiner Figuren darin haben diese sogar eine gewisse Bekanntheit erlangt.
Weltweit sind schätzungsweise etwa drei bis sechs Prozent aller Kinder, darunter ungefähr sechsmal mehr Jungen, von Konzentra-

tionsschwierigkeiten und Hyperaktivität betroffen. Das belegen Untersuchungen in fast allen Ländern der Welt. Daraus kann man schließen, dass die Schwierigkeiten zum Teil unabhängig von den Lebensumständen der Menschen auftreten.

Wenn die Diagnosen in den letzten Jahren zunehmen, liegt das zum Teil daran, dass man heute mehr weiß und die Problematik ernst nimmt. Die Lebens- und Arbeitsbedingungen lassen Kindern außerdem immer weniger Rückzugsmöglichkeiten und Bewegungsräume offen. In einer Welt, in der Kinder nicht leicht draußen spielen können, in einer Schule, in der man meistens still sitzen muss, fallen die überaktiven Kinder stärker auf, weil sie sich nirgends austoben können. Durch den wachsenden Leistungsdruck fallen Kinder, die nicht ganz in das Schema passen, zudem eher auf.

Das Wettrennen um die ideale Schullaufbahn beginnt immer früher.

Es ist nicht überraschend, dass unter diesen Bedingungen die unruhigen Kinder mit schwacher Konzentration stärker wahrgenommen werden.

Die Schwierigkeiten der Kinder werden in aller Regel mit dem Schuleintritt und im Laufe der Grundschulzeit offensichtlich. Einige Anzeichen lassen sich schon im Vorschulalter erkennen, sind jedoch nicht so zuverlässig, dass man eine auch nur halbwegs sichere Vorhersage wagen könnte. Das Verhalten verändert sich im Laufe der Entwicklung. In jedem Lebensalter treten ganz charakteristische Probleme in den Vordergrund. Zum Beispiel werden manche zappelige, ständig in Bewegung befindliche Kinder später sehr träge. Deshalb beschränkt sich dieses Buch auf die Altersgruppe zwischen sechs und zwölf Jahren. In der Leseliste am Ende des Buches finden Sie Hinweise, wo Sie sich darüber hinaus informieren können.

Überaktive Kinder gibt und gab es in allen Teilen der Welt und zu allen Zeiten. Weltweit sind etwa drei bis sechs Prozent der Kinder betroffen.

Überaktive Kinder haben Stärken!

Üblicherweise werden die Kinder häufig durch negative und störende Verhaltensweisen charakterisiert. Aber wenn man es recht bedenkt, haben diese Kinder oft ganz spezielle Begabungen: Sie wirken im Umgang mit fremden Menschen offen, charmant und humorvoll, gehen auf sie zu, sind freundlich und interessiert. Sie erkennen meist verblüffend schnell, in welcher Verfassung sich andere Menschen befinden und welche Stimmung in einer Gruppe herrscht. Diese Empfänglichkeit kann allerdings auch zu spannungsreichen Erlebnissen führen, da es nicht immer angebracht ist, solche Eindrücke umgehend zu äußern.

Eine Stärke überaktiver Kinder liegt in der Offenheit und Spontaneität, mit der sie auf fremde Menschen zugehen können.

Viele überaktive Kinder haben eine Neigung zu spontaner Hilfsbereitschaft und treten für Schwächere ein, wenn sie das Gefühl haben, dass diese ungerecht behandelt werden. Sie haben oft eine kreative Begabung und schauspielerisches Talent. In praktischen Tätigkeiten, die sie sich selbst aussuchen dürfen, können sie manchmal richtig versinken und sich erstaunlich lange damit beschäftigen.

Die Symptome

Die Verhaltensprobleme, wie sie von Felix, Johannes und Berti berichtet werden, setzen sich aus mehreren Aspekten zusammen:

- Konzentrationsmangel,
- motorische Unruhe,
- Impulsivität.

Zu diesen drei Hauptschwierigkeiten kommen oft noch andere Besonderheiten hinzu:

- Das Kind spricht schnell und überhastet.
- Das Kind kann Gefahren und Risiken nicht richtig einschätzen.
- Das Kind verhält sich trotzig und widerständig gegenüber Eltern und Erziehern.
- Das Kind eckt in Gruppen von Gleichaltrigen an.

Konzentrationsschwierigkeiten

Die Aufmerksamkeitsstörungen, nach denen ADS benannt wurde, treffen eigentlich nicht den Kern des Problems. Im Grunde sind die Kinder sogar sehr aufmerksam, nur reagieren sie sofort auf alle Reize und manchmal sogar auf mehrere Reize gleichzeitig. Das Problem liegt eher in der Dauer der Aufmerksamkeit.

Konzentration bedeutet, dass man bei einer Tätigkeit genau weiß, worauf man achten muss, und zugleich Dinge, die stören könnten, ausblenden kann. Man darf nicht auf das Gespräch am Nachbartisch oder das Ticken der Uhr achten. Ist man konzentriert, also gesammelt und aufmerksam bei der Sache, so zeigt sich das an der Güte und der Menge im Arbeitsergebnis: Es unterlaufen weniger Fehler, man bearbeitet die Aufgabe vollständig und kommt in angemessener Zeit zum Ende. Schließlich bleibt das, worauf man bewusst achtet, auch sicherer im Gedächtnis und kann später wieder verwendet werden.

Konzentration bedeutet Einschränkung der Aufmerksamkeit auf eine Sache und gleichzeitiges Ausblenden von Ablenkungen.

Kindern mit Konzentrationsschwierigkeiten fällt es sehr schwer, sich nicht von nebensächlichen Reizen ablenken zu lassen. Sie reagieren stärker als andere auf Störungen, zum Beispiel wenn ein Auto draußen vorbeifährt, einem Mitschüler ein Lineal auf den Boden fällt oder der Lehrer beim Diktieren durch die Klasse läuft, um die Kinder zu kontrollieren. Ablenkungen können auch von innen kommen, zum Beispiel wenn Kinder ihre Gedanken wandern lassen. Irgendetwas erregt ihre Aufmerksamkeit, die Fliege im Zimmer, ein Stichwort des Banknachbarn. Unversehens schalten sie dann darauf um. Durch diese Ablenkungen verlieren die Kinder den Faden und vergessen die eigentliche Aufgabe.

Fünf Zeilen und kein Ende

Marvin geht inzwischen in die zweite Klasse. Eine Rechtschreibübung steht an. Die Lehrerin wirft den Text mit einem Overheadprojektor an die Wand, alle sollen diesen Text abschreiben. Marvin gibt sich Mühe, aber er bringt kaum etwas zu Papier. Wenn er ein Wort gelesen hat, ist es schon wieder weg, bis er auf sein Blatt schaut und dieses Wort aufschreiben will. Er schaut nochmals hin,

Tipp

Menschen unterscheiden sich darin, unter welchen Bedingungen sie gut konzentriert sein können. Überlegen Sie, am besten zusammen mit Ihrem Kind, was es braucht, um konzentriert zu arbeiten.
Das kann etwas ganz anderes sein als das, was Sie selbst benötigen.

um sich zu vergewissern. Ein Klickergeräusch lenkt ihn für einen Moment ab und er hat das Wort wieder vergessen. Er erliest sich das erste Wort noch einmal. Die vielen leeren Linien auf dem Papier verwirren ihn. Er setzt an der falschen Stelle an, bemerkt seinen Fehler, streicht den Ansatz dick durch, geht in die nächste Zeile, wobei der Stift noch einen Strich zieht, aber immerhin liegt er jetzt richtig. Er schreibt irgendetwas auf, damit schon mal etwas auf dem Blatt steht. In der Zwischenzeit wird es in der Klasse unruhig, weil die anderen nach und nach fertig werden und ihr Heft der Lehrerin zeigen. Nach 20 Minuten ist Marvin der Einzige, der von den fünf Zeilen noch nicht eine abgeschrieben hat. Entnervt gibt er auf und ruft in die Klasse: „Scheiß-Deutsch!"

Die Konzentrationsfähigkeit ist ganz allgemein eine Frage des Typs, aber auch der Tagesform, der Lebensumstände oder der derzeitigen Gefühlslage. Wenn man beispielsweise in einer schwierigen Situation steckt, kann man sich ebenso wenig konzentrieren wie wenn man vor Freude tanzen möchte. Auch Aufregung und Ängstlichkeit, zum Beispiel in Prüfungen, hemmen die dauerhafte Aufmerksamkeit.

Hyperaktivität

Motorische Probleme äußern sich in Unruhe, Zappeligkeit, fehlender Bewegungskontrolle und Geschicklichkeit.

Neben den Konzentrationsschwierigkeiten fällt bei überaktiven Kindern die starke motorische Unruhe auf. Sie sind ständig in Bewegung und wirken „wie aufgezogen": Sie lassen ihre Füße wippen, spielen mit ihren Händen und Fingern, kippeln auf dem Stuhl oder rutschen hin und her, stehen unvermittelt und scheinbar ohne Grund von ihrem Platz auf, rennen unmotiviert im Raum herum und müssen plötzlich irgendetwas in den Papierkorb werfen.

Überaktive Kinder können ihre Bewegungen nicht so gut steuern, wie man das ihrem Alter nach erwartet. Sie laufen schnell oder gar nicht und können den Krafteinsatz nicht angemessen dosieren, ein Schulterklopfen ist fast wie ein Schlag.
Den Zwang zum Stillsitzen erleben diese Kinder als unerträglich. Ein Junge sagte mir einmal: „Es ist dann, als wären lauter Zappelmänner in mir!“ Die Kinder haben selbst das Gefühl, dass sie ihre Bewegungen nicht kontrollieren können.
Die ständige Bewegung kann aber auch hilfreich sein. Ein Junge in einer zweiten Klasse Grundschule wurde dabei beobachtet, wie er nahezu ununterbrochen Bleistifte anspitzte, während er der Lehrerin zuhörte. Als die Lehrerin ihn dazu anhielt, mit dem sinnlosen Bleistiftspitzen aufzuhören, sagte er, dass er sich nur so auf das Zuhören konzentrieren und davon abhalten könnte, „Blödsinn“ zu machen. Dieser Junge hatte eine Möglichkeit gefunden, durch die Bewegung seine Konzentration zu steuern.
Dieses Merkmal fehlt bei der „stillen“ Variante aufmerksamkeitsgestörter Kinder vollständig, die ziemlich träge sein können und eher im dicksten Trubel verträumt und geistesabwesend dazwischen sitzen.

Impulsivität

Impulsivität in der Arbeitsweise bedeutet, dass Kinder „loslegen“, ohne lange zu überlegen. Eine Frage ist kaum formuliert, schon platzt das Kind mit der Antwort heraus. Während die anderen der Reihe nach ihre Geschichten erzählen, unterbricht ein impulsives Kind die Runde, um seine Geschichte anzubringen. Impulsiven Kindern fällt es schwer, sich in einer Gruppe an Regeln zu halten,

Wenn Sie das Gefühl haben, dass die Zappeleien Ihres Kindes Sie nervös machen oder überflüssig sind: Schauen Sie genau hin, ob die Unruhe nicht einen Sinn hat. Manchmal ist die sie nur für die Erwachsenen lästig, aber für das Kind nicht wirklich hinderlich.

Impulsive Kinder können nicht warten, bis sie an der Reihe sind. Sie platzen mit ihren Ideen heraus, unterbrechen andere und beginnen oft voreilig mit ihren Arbeiten.

weil sie nicht abwarten können. Damit handeln sie sich Ermahnungen ein und machen sich bei den Klassenkameraden nicht gerade beliebt.

Zweierlei Maß

Ralf ist einer von 28 Schülern in der 2. Klasse einer ländlichen Grundschule. Nach den Osterferien lässt der Klassenlehrer die Kinder erzählen, was sie erlebt haben. Viele Kinder waren gemeinsam im Zeltlager und erzählen nahezu gleichzeitig davon. Sie fallen sich in ihrem Eifer gegenseitig ins Wort und berichten von ihren Abenteuern. Ralf ist ganz aufgeregt und platzt mitten im Gespräch heraus mit einer Geschichte, die er bei seinen Großeltern erlebt hat. Der Lehrer weist Ralf zurecht, er würde, wie so oft, ohne auf andere Rücksicht zu nehmen, unterbrechen, und mahnt ihn, sich zu gedulden, bis er an der Reihe ist.

Tipp

Sie können ein Kind, das überhastet spricht, unterstützen, indem Sie ihm geduldig zuhören. Wenn Sie ihm helfen, den roten Faden zu behalten, wird es mit der Zeit lernen, seine Gedanken zu ordnen. Auch Bilder oder schriftliche Notizen dienen als Ordnungshilfe.

Die Impulsivität der Kinder führt auch oft dazu, dass sie die Folgen nicht bedenken, bevor sie sprechen oder handeln. Mögliche Risiken, die mit einer Handlung verbunden sind, erkennen sie nicht und sie begeben sich unnötig in Gefahr. Typisch sind auch spontane Wutausbrüche und starke Stimmungsschwankungen. Scheinbare Kleinigkeiten können sie von einem Moment auf den anderen aus der Bahn werfen.

Die Rechnung geht nicht auf …

Die Lehrerin hat eine Reihe von Rechenaufgaben in Stillarbeit anfertigen lassen. Marvin verkündet, er sei fertig. Die Lehrerin fordert ihn auf, nochmals zu prüfen, ob er alle Aufgaben gerechnet hat. Marvin fängt an, schaut dann aber in die Hefte der Kinder an seinem Gruppentisch. Dabei liegt er fast quer über den Pulten. Die Lehrerin geht zu ihm und bittet ihn, mit ihr zusammen seine Rechnungen durchzusehen. Als sie den ersten Fehler findet, springt Marvin auf, schlägt mit dem Lineal auf den Tisch und beschimpft die Lehrerin. Wütend schreit er, dass er immer nur kritisiert wird, dass er nie mehr eine Rechenübung mitmacht, weil er sowieso immer alles falsch macht. Dann weint er.

Überhastete Sprechweise

Kinder mit Aufmerksamkeitsstörungen und Hyperaktivität fallen häufig durch Besonderheiten beim Sprechen auf. Hier kommen zwei Dinge zusammen: Die Kinder sind impulsiv und sprudeln vor Ideen. Und es fällt ihnen wegen der motorischen Störungen schwer, ihre Sprache zu kontrollieren.

Tollkühnheit

Eine Stärke und zugleich ein Problem von Kindern mit Aufmerksamkeitsstörungen und Hyperaktivität ist, dass sie vor nichts Angst zu haben scheinen. Sie überschätzen sich leicht und trauen sich mit dem Fahrrad, mit dem Skateboard oder beim Klettern gefährliche Kunststücke zu. Sie haben auch häufiger als andere Kinder Unfälle bei ihren waghalsigen Aktionen.

Trotz

Kinder mit Konzentrationsschwierigkeiten erfahren viele unangenehme Situationen. Sie werden häufig gescholten, sie erleben viele Misserfolge, sie spüren, dass sie weniger Anerkennung erhalten als andere Kinder und vielleicht auch weniger beliebt sind.

Respekt lernt man nur von respektvollen Vorbildern.

Das fordert ihren Widerspruch heraus. Sie machen auf sich aufmerksam, indem sie aus der Rolle fallen. Manche Kinder lehnen sich trotzig und aggressiv gegen alles auf, brechen mit Absicht bestimmte Regeln. Sie ärgern andere mit Vorsatz, sie widersprechen den Anweisungen der Erwachsenen aus Prinzip. Zumindest sieht es so aus. Durch diese Strategie des Widerspruchs erhält das Kind in der Tat mehr Aufmerksamkeit, aber die ist naturgemäß selten freundlich. Da sich das Kind nicht anders zu helfen weiß, wird es dieses trotzige, aggressive Verhalten nicht ohne weiteres ablegen. Ohne die Hilfe von einfühlsamen Erwachsenen, die ihm etwas Positives vermitteln und Anerkennung zollen, wird es zu einer Spirale aus „Frechheiten" und Drohungen kommen.
Es ist schwer, hier aus meist schon eingefahrenen Verhaltensmustern auszubrechen. Aber halten Sie sich bitte vor Augen: Trotz ist der ungeschickte Versuch des Kindes, Beachtung und Anerkennung zu gewinnen oder Zuwendung zu erhalten. Wenn Sie dem Kind an passender Stelle positive Zuwendung geben können, muss es nicht an unpassenden Stellen Aufmerksamkeit auf sich lenken.

Ausgrenzung

Ein überaktives Kind versucht erfahrungsgemäß häufig, sich bei Gleichaltrigen beliebt zu machen, indem es die Gruppe zum La-

chen bringt. Die Rolle des Klassenclowns ist ihm oft auf den Leib geschneidert. Es legt sich zur allgemeinen Erheiterung mit den Lehrkräften an. Da es sein Verhalten häufig nicht kontrollieren kann, fällt es ihm allerdings schwer, sich zu stoppen, wenn es angebracht wäre.
Impulsive Kinder ändern häufig spontan die Spielregeln und werden richtig wütend, wenn sie verlieren oder wenn sie sich mit ihren Vorschlägen nicht durchsetzen können. Dann kontern sie mit Abwertung, finden alle und alles „blöd“ und machen demonstrativ nicht mehr mit. Außerdem fällt auf, dass sie besser austeilen als einstecken können. Sie gehen im Spiel die anderen durchaus auch hart an, werfen den anderen das Mäppchen vom Tisch oder sind nicht zimperlich mit Schimpfwörtern. Wenn aber andere das Gleiche tun, können die überaktiven Kinder oft gar nicht damit umgehen. Es ist für sie ein kleiner Weltuntergang, sie haben kein Gespür für die Verhältnismäßigkeit und merken nicht, dass sie die anderen ebenfalls verletzen.
Gleichaltrige ziehen sich häufig von überaktiven Kindern zurück, weil sie deren Reaktionen nicht verstehen. Manche überaktive Kinder tun sich schwer, Freundschaften zu schließen. Der Versuch, sich durch Faxen und Angeberei in den Mittelpunkt zu stellen, verschlimmert alles meistens nur.

◀ Freundschaft erfordert Einfühlungsvermögen, damit tun sich hyperaktive Kinder schwer.

Die Ursachen und was man dagegen tun kann

Bis heute ist sich die Wissenschaft nicht einig, warum Konzentrationsschwierigkeiten, motorische Unruhe und Impulsivität auftreten. Man geht grundsätzlich davon aus, dass mehrere Faktoren zusammenwirken und sich gegenseitig verstärken.

> **Es gibt nicht eine einzige Erklärung für die Überaktivität. Veranlagung, Entwicklungsbesonderheiten und Lebensumstände wirken zusammen.**

Vermutlich haben Konzentrationsmangel und Überaktivität auch körperliche Ursachen. Der Umstand, dass dieses Problem in manchen Familien verstärkt auftritt, spricht dafür, dass die Anlage dazu zumindest teilweise vererbt und angeboren ist.

Zusätzlich können Ereignisse während der Schwangerschaft die Gehirntätigkeit des Ungeborenen beeinflussen und sich später in Konzentrationsschwierigkeiten oder motorischen Problemen niederschlagen. Alkohol- und Nikotin-Missbrauch, aber auch Medikamente oder Allergien auslösende Stoffe können hier eine Rolle spielen.

Derartige leichte Schäden verändern die Reizverarbeitung. Die Kinder haben Schwierigkeiten, das jeweils Wichtige aus ihrer Umgebung herauszufiltern, und antworten auf alles gleich stark. Sie wenden sich sofort neuen, ungewöhnlichen, überraschenden Reizen zu. Bekanntes nutzt sich schnell ab und wird schon auf der Ebene der Wahrnehmung nur noch unvollständig verarbeitet. Es fällt ihnen schwer, mehrere Dinge gleichzeitig zu beachten. So entsteht der Eindruck, die Kinder würden immer nur die Hälfte mitbekommen.

Man vermutet auch, dass die Teile des Gehirns, die für Bewegungen, insbesondere für die Hemmung von Bewegungen zuständig sind, nicht richtig arbeiten. Man kann zum Beispiel beobachten, dass die Kinder Schwierigkeiten mit gezielten Tätigkeiten haben und immer alle Gliedmaßen gleichzeitig bewegen. So geht häufig die zweite Hand mit, wenn eigentlich nur eine Hand nach etwas greift. Das Kind wirkt ungeschickt, hektisch und zappelig.

Inwieweit sich das Problem verfestigt, hängt auch von den äußeren Umständen ab. Hat das Kind genug Bewegungsspielraum? Kennt es klare Grenzen und Regeln? Darf es konzentriert spielen oder wird es häufig unterbrochen? Kann es sich auf sichere Bezugspersonen verlassen? Gibt es einen klar und zuverlässig strukturierten Tagesablauf? Wie einheitlich reagieren die Eltern auf Ungeschicklichkeiten? Wie viel positive Verstärkung erfährt das Kind? Wie setzen die Erzieher Bestrafung ein? Die Problematik wird verstärkt und verfestigt, wenn es keine klaren Grenzen gibt, wenn sich das Kind nicht auf einen bestimmten Rhythmus im Tagesablauf in der Familie oder im Unterricht verlassen kann. Offene Arbeitsformen, wie sie heute gepflegt werden, sind für Kinder mit Konzentrationsschwierigkeiten schwer zu bewältigen.

Klare Regeln und vorhersagbare Strukturen entschärfen die Problematik.

Es mag richtig sein, dass Kinder auch durch häufiges Fernsehen oder zu viele Computerspiele unruhig werden und Schwierigkeiten mit der Konzentration entwickeln. Wissenschaftlich belegt ist diese These jedoch nicht.

Manche suchen die Ursache in allergischen Reaktionen, die durch industriell aufbereitete Nahrungsmittel oder Belastungen in der Umwelt ausgelöst werden. Natürlich ist eine gesunde Ernährung –

Die Suche nach den Ursachen für die Hyperaktivität und die Konzentrationsschwierigkeiten ist immer sehr mühsam. Erklärungen, die nur auf eine Ursache hinauslaufen, treffen praktisch nie zu.

dazu gehören mit frischen Zutaten zubereitete Mahlzeiten, Obst, Salate, Gemüse, und vor allem auch ausreichendes Trinken zuckerarmer Getränke – die Grundlage für eine körperlich, geistig und seelisch gesunde Entwicklung. Ein direkter Zusammenhang zwischen bestimmten Nahrungsmitteln und Verhaltensstörungen konnte aber nicht bewiesen werden.

Alles in allem lässt sich feststellen, dass sich einige Fälle ganz gut mit einer Ursache erklären lassen, andere dagegen gar nicht. Das klingt zunächst widersprüchlich. Bei einer so komplizierten Problematik sind aber einfache Erklärungen kaum zu erwarten.

Diese Hilfen gibt es

Es gibt viele Möglichkeiten, überaktive Kinder mit Konzentrationsschwierigkeiten zu unterstützen, aber keine funktioniert auf Rezept. Maßnahmen müssen immer auf das jeweilige Kind und seine Umgebung abgestimmt sein. Von ihrer Begabung her unterscheiden sich Kinder mit Konzentrationsschwierigkeiten nicht grundsätzlich von ihren Altersgenossen, aber sie benötigen besondere Lebens- und Lernbedingungen. Wie sich diese einrichten lassen, ist für Eltern und Lehrkräfte nicht immer leicht zu überschauen. Am besten holen Sie sich dazu die Unterstützung durch einen Experten beim schulpsychologischen Dienst, bei einer Erziehungsberatungsstelle oder in einer kinderpsychiatrischen Praxis. Wenn sich die Schwierigkeiten häufen, ist immer der Lehrer oder die Lehrerin des Kindes der erste Gesprächspartner. Dann kann man sich an den Beratungslehrer der Schule oder den schulpsychologischen Dienst wenden. Wenn Sie nicht wissen, wie Sie diese Stellen erreichen können, fragen Sie die Lehrkraft Ihres Kindes. Es gibt mehr Hilfsangebote, als man gemeinhin weiß. So ist der mobile sonderpädagogische Dienst zum Beispiel kaum bekannt. Das sind Lehrer und Lehrerinnen mit einer sonderpädagogischen Qualifikation, die bei Bedarf Kinder und ihre Lehrer in der Regelschule besuchen und betreuen.

Informieren Sie sich frühzeitig über professionelle Hilfen – es gibt mehr, als man denkt.

In der Checkliste „Die Beratungspyramide“ ist ein Überblick über die einzelnen Stufen des Beratungsangebots mit Tipps, wer Ihnen welche Fragen beantworten kann, zusammengestellt. Die Beratungspyramide schützt Sie vor „Helfern“, die das Allheilmittel und schnelle und vor allem einfache Lösungen verkaufen wollen. Aber die gibt es ganz bestimmt nicht. Ohne Geduld und die Bereitschaft, sich selbst, die eigenen Maßstäbe, Ziele und Verhaltensweisen zu verändern, werden Sie Ihrem Kind nicht dauerhaft helfen können.

Einfache Erklärungen sind zumeist nur trügerisch.

Das konkrete Problem

Um ein Problem zu lösen, muss man es kennen, und um es zu kennen, müssen die einzelnen Schwierigkeiten so genau wie möglich beschrieben werden. Zu einer genauen Beschreibung der Probleme von Kindern mit einer Aufmerksamkeitsstörung werden die Familie, die Vorgeschichte, die momentanen Lebensumstände und die aktuellen Auffälligkeiten in Gesprächen und Beobachtungen berücksichtigt. Danach muss man entscheiden, ob diese Fakten zur Lösung ausreichen oder weitere Untersuchungen erforderlich sind, zum Beispiel durch den Facharzt für Kinder- und Jugendpsychiatrie. Er kann verschiedene psychologische und medizinische Tests durchführen und damit auch anderweitige Ursachen – schlechtes Sehen oder Hören etwa – ausschließen. Professionelle Beratung sollte auf jeden Fall eine ausführliche und gewissenhafte Diagnose umfassen. Zur Feststellung des Befundes sollten Eltern, Lehrer, das Kind selbst, die Geschwister und andere relevante Bezugspersonen befragt und Tests durchgeführt werden, die die körperliche, seelische und geistige Entwicklung des Kindes erfassen, aber auch den Verlauf der Schulleistungen und die Kontaktfähigkeit.

Tipp

Suchen Sie professionelle Hilfen sehr sorgfältig aus. Vertrauenswürdige Diagnosen umfassen mehrere Bereiche, zum Beispiel organische und körperliche Bedingungen, Wahrnehmungsfunktionen, allgemeine Begabungen und persönliche Leistungsmerkmale. Im Idealfall werden auch Lehrer und Lehrerinnen in die Diagnose-Erstellung einbezogen.

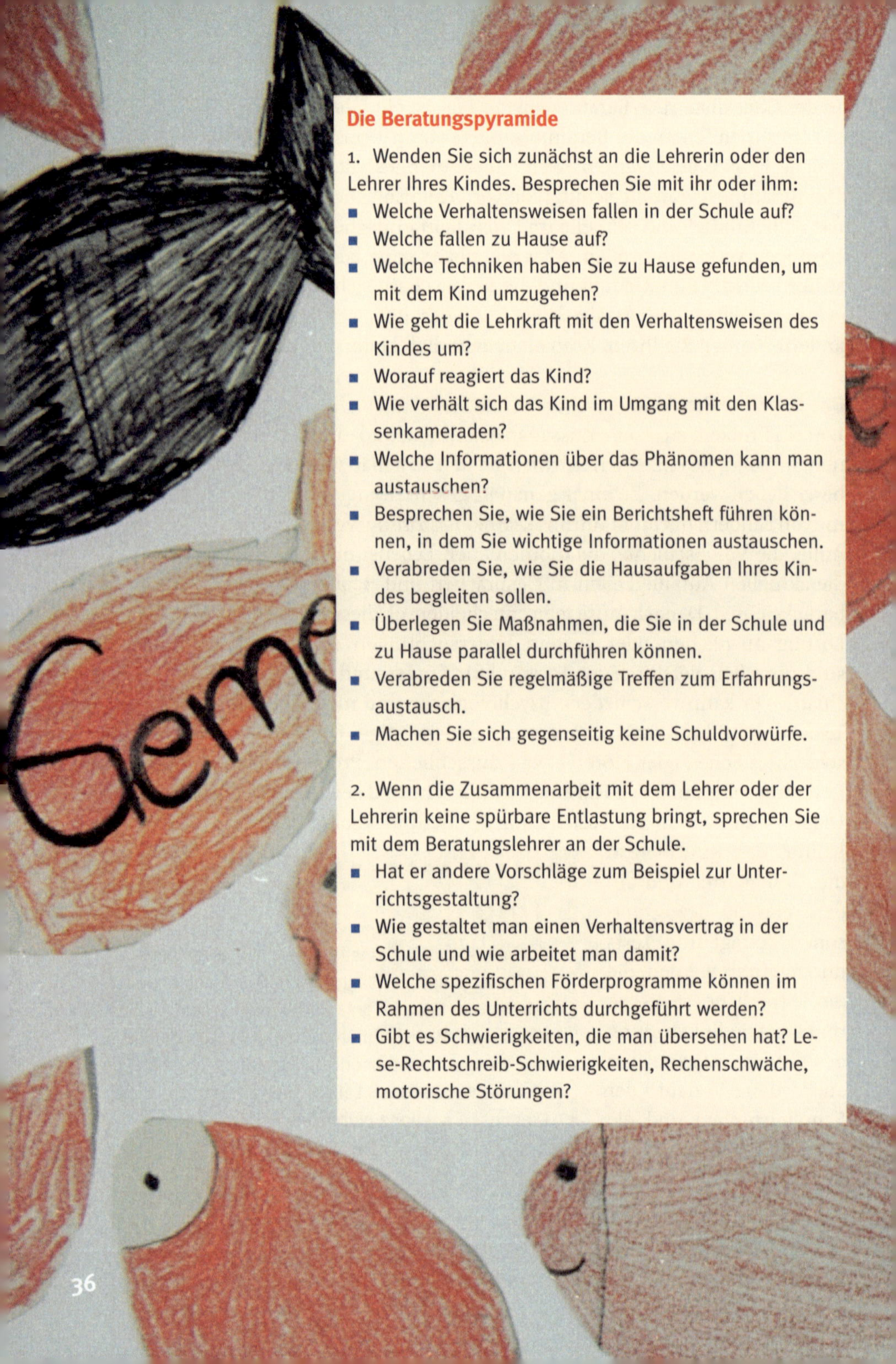

Die Beratungspyramide

1. Wenden Sie sich zunächst an die Lehrerin oder den Lehrer Ihres Kindes. Besprechen Sie mit ihr oder ihm:

- Welche Verhaltensweisen fallen in der Schule auf?
- Welche fallen zu Hause auf?
- Welche Techniken haben Sie zu Hause gefunden, um mit dem Kind umzugehen?
- Wie geht die Lehrkraft mit den Verhaltensweisen des Kindes um?
- Worauf reagiert das Kind?
- Wie verhält sich das Kind im Umgang mit den Klassenkameraden?
- Welche Informationen über das Phänomen kann man austauschen?
- Besprechen Sie, wie Sie ein Berichtsheft führen können, in dem Sie wichtige Informationen austauschen.
- Verabreden Sie, wie Sie die Hausaufgaben Ihres Kindes begleiten sollen.
- Überlegen Sie Maßnahmen, die Sie in der Schule und zu Hause parallel durchführen können.
- Verabreden Sie regelmäßige Treffen zum Erfahrungsaustausch.
- Machen Sie sich gegenseitig keine Schuldvorwürfe.

2. Wenn die Zusammenarbeit mit dem Lehrer oder der Lehrerin keine spürbare Entlastung bringt, sprechen Sie mit dem Beratungslehrer an der Schule.

- Hat er andere Vorschläge zum Beispiel zur Unterrichtsgestaltung?
- Wie gestaltet man einen Verhaltensvertrag in der Schule und wie arbeitet man damit?
- Welche spezifischen Förderprogramme können im Rahmen des Unterrichts durchgeführt werden?
- Gibt es Schwierigkeiten, die man übersehen hat? Lese-Rechtschreib-Schwierigkeiten, Rechenschwäche, motorische Störungen?

- Gibt es an der Schule Erfahrungen mit Fördergruppen?
- Gibt es die Möglichkeit, dass die Lehrkraft in der Klasse zeitweise durch einen zweiten Lehrer unterstützt wird, zum Beispiel im Rahmen einer mobilen Erziehungshilfe oder des mobilen sonderpädagogischen Dienstes?

3. Als nächste Möglichkeit wenden Sie sich an einen psychologischen Experten.

- Ist ein individuelles psychologisches Training erforderlich?
- Wie können Sie zu Hause den Trainingsfortschritt unterstützen?
- Ist eine familientherapeutische Begleitung sinnvoll?
- Welches Verhalten ist im Umgang mit dem überaktiven Kind angemessen?
- Sind zusätzliche testpsychologische Untersuchungen wünschenswert, um zum Beispiel Wahrnehmungsfunktionen oder Begabungen des Kindes zu prüfen?
- Welche sonstigen Hilfen helfen im Umgang mit den Konzentrationsschwierigkeiten und der Überaktivität?

4. Als letzten Schritt suchen Sie einen Facharzt für Kinder- und Jugendpsychiatrie und -psychotherapie auf.

- Ist die Symptomatik so stark, dass die Kriterien einer klinischen Diagnose erfüllt sind?
- Sollten Medikamente verordnet werden?
- Lässt sich ausschließen, dass die Hauptursache für das Problemverhalten nicht in einer ganz anderen Störung liegt?
- Ist eine zeitweise stationäre Unterbringung erforderlich?
- Wie können medizinische und psychologische Therapiemaßnahmen koordiniert werden?

Wie sieht professionelle Hilfe aus?

Das Behandlungsangebot für Kinder mit Konzentrationsschwierigkeiten ist breit gefächert und kommt von verschiedenen Seiten: Psychologen, Ärzte, Ergotherapeuten, Physiotherapeuten. Die Therapien unterscheiden sich darin, wie gut ihre Wirksamkeit nachgewiesen ist – wobei sich diese Wirksamkeit auch je nach Kind unterscheidet. Oft ist es am effektivsten, das Problem von verschiedenen Seiten anzugehen.

Psychotherapeutische Angebote wollen dem Kind meistens helfen, sich selbst besser zu verstehen und so zu arbeiten, wie es seinen speziellen Bedürfnissen gerecht wird. Darüber hinaus werden Eltern, Lehrer und Lehrerinnen und andere Bezugspersonen mit angesprochen. Auch sie müssen ihr Verhalten gegenüber dem Kind verändern und beispielsweise über folgende Fragen nachdenken:

- Welche Regeln sollen im Umgang miteinander gelten?
- Sind diese Regeln den Kindern auch wirklich klar?
- Wie sollen die Regeln durchgesetzt werden?
- Setzen Vater und Mutter diese Regeln in derselben Weise durch oder gewährt ein Elternteil größere Freiräume?
- Wie kann man wirksam Lob und Tadel einsetzen?
- Sind die Dinge, die man an dem Kind kritisiert, wirklich wichtig?
- Erhält das Kind zu viel Tadel und Kritik und zu wenig Lob?
- Gibt es Zeit für eine entspannte Beschäftigung mit dem Kind, für Spiele etwa oder gemeinsame Unternehmungen?
- Welche Maßstäbe und Ansprüche sind angemessen?
- Wie schafft man ein Gleichgewicht zwischen Kontrolle und Freiraum, Struktur und Spontaneität?

Bewährt haben sich psychotherapeutische Maßnahmen, bei denen die Kinder lernen, ihr Verhalten zu steuern. In den Sitzungen werden diese Verhaltensweisen durch Spiele und Übungen einzeln oder in kleinen Gruppen erarbeitet und trainiert. Unter Anleitung eines Therapeuten werden genaues Hinhören und Hinsehen, Handlungsplanung und Reaktionsverzögerung eingeübt. Das zieht sich über einen längeren Zeitraum hin. Eine Heilung ist nicht zu erwarten, wohl aber ein stressfreier oder zumindest stressfreierer Umgang mit dem Problem. Die Kinder lernen,

- ihre Übermotorik zu kontrollieren, zum Beispiel durch Tobe- und Entspannungsphasen,
- ihre Konzentrationsfähigkeit durch entsprechend angeleitete Übungen zu steigern,
- mit speziellen Arbeitsweisen die schulischen Aufgaben auf ihre Art zu bewältigen,
- ihre Impulsivität zu regulieren, indem sie systematisches und schrittweises Arbeiten einüben,
- sich durch Selbstbeobachtungen und Gespräche besser einzuschätzen.

Auch eine Behandlung mit Medikamenten ist nachweislich wirksam. Durch bestimmte Mittel normalisiert sich das Verhalten der Kinder und konzentriertes Arbeiten wird möglich. Wenn Sie über eine Behandlung mit Arzneien nachdenken, sind einige Gesichtspunkte abzuwägen.

Ein Medikament beruhigt. Kompetentes Arbeitsverhalten muss trotzdem noch gelernt werden.

Auch das Medikament „heilt" die Konzentrationsschwierigkeiten nicht. Das Kind ist nur so lange ruhiger, wie die Wirkung anhält. Es sollte auf jeden Fall lernen, mit seiner Besonderheit umzugehen. Systematisches Arbeiten und Selbstkontrolle kommen aber nicht „von selbst", sondern müssen gelernt werden. Das können Pillen nicht leisten. Die heute üblichen Medikamente haben Nebenwirkungen wie Appetitlosigkeit, Schlaf- oder Wachstumsstörungen, die nicht zu vernachlässigen sind. Außerdem kennt man die Langzeitwirkungen noch nicht endgültig. Allerdings hat sich die These, die frühe Gewöhnung an das Medikament würde später zur Sucht führen, erledigt.
Die Dosierung muss sehr exakt und konsequent eingehalten werden. Manche Kinder haben zu diesem Zweck einen „Piepser" im Schulranzen. Hier gilt nicht „viel hilft viel" oder gar „mehr hilft besser". Aus der Praxis weiß man, dass Eltern dazu neigen, die Dosis zu erhöhen, zum Beispiel um heikle Situationen wie eine Familienfeier besser zu bewältigen. Fällt die Menge sehr hoch aus, sind die Kinder nicht so gut ansprechbar und wirken geistesabwesend. Kind und Eltern sollten genau Bescheid wissen, bevor das Medika-

Tipp

Zusammenfassend lässt sich sagen, dass therapeutische Verfahren dann besser wirksam sind,

- wenn das Kind nicht nur motorisch beruhigt wird;
- wenn ein begleitendes Verhaltenstraining durchgeführt wird;
- wenn die Bezugspersonen der Kinder mit einbezogen werden;
- wenn die Therapie dort ansetzt, wo sie auch wirksam werden soll (zum Beispiel in der Schule, zu Hause).

Das weiß man aus langjährigen Untersuchungen.

ment verschrieben wird. Sie sollten die Wirkung und die Wirkweise kennen und wissen, wie, warum und wie lange es eingenommen werden soll. Es ist gerade bei Kindern im Wachstum erforderlich, dass die Verordnung in regelmäßigen Zeitabständen überprüft wird. Auf eine medikamentöse Therapie ohne regelmäßige Kontrolle sollten Sie sich nicht einlassen.

Die Wirkungen des Medikaments lassen einen vielleicht schnell glauben, man habe das Problem im Griff. Aber das erweist sich ebenso rasch als Illusion. Man sollte auf gar keinen Fall auf eigene Faust herumexperimentieren. Die Dosierung, die Regeln für das Absetzen und Aussetzen des Medikaments sollten Sie grundsätzlich mit dem Arzt besprechen, denn es handelt sich um hochwirksame Psychopharmaka. Die dürfen medizinische Laien weder verordnen noch entziehen.

Das Medikament kann das Kind erst einmal so weit beruhigen, dass es überhaupt zugänglich ist. So werden Eltern und die anderen Personen in der Umgebung entlastet und eine Gesprächs- und Arbeitsgrundlage geschaffen. Darüber müssen Sie je nach Einzelfall selbst entscheiden. Für die folgenden zwei Überlegungen sollten Sie sich aber immer Zeit nehmen:

1. Lassen sich die Wirkungen des Medikaments nicht doch auf anderem Weg erreichen, motorische Beruhigung zum Beispiel durch Entspannungsübungen oder bessere Konzentration durch andere Arbeitsbedingungen und Aufgabenstellungen?

2. Wenn das Medikament eingesetzt wird, wie ist dann gewährleistet, dass zugleich günstige Arbeits- und Verhaltensregeln eingeübt werden?

Es gibt ein Reihe weiterer Therapieformen für Kinder mit Konzentrationsschwierigkeiten, zum Beispiel bestimmte Diäten, psychomotorische Übungen, Bachblütentherapie und vieles mehr. Dazu ist zu sagen, dass in Einzelfällen Erfolge berichtet werden, Untersuchungen bei größeren Gruppen jedoch keine durchgehenden oder spezifischen Effekte belegen.

Und nach der Schule?

Bei den meisten Kindern, deren Konzentration mit oder ohne Hyperaktivität gestört ist, bleiben die Probleme im Laufe des Lebens bestehen. Auch als Jugendliche und Erwachsene haben sie meist größere Schwierigkeiten als andere, sich zu organisieren, sich über längere Zeit zu konzentrieren und Ordnung zu halten. Sie haben auch einen gewissen Hang zu risikoreichen Aktionen und wenden sich oft Extremsportarten zu. Eine richtige Berufswahl ist von entscheidender Bedeutung: Sie sollte auf eine der vielen Aufgaben fallen, bei denen Kreativität, Initiative und Spontaneität nötig sind. Daher sollten auch Jugendliche und Erwachsene offen mit ihren Konzentrationsschwierigkeiten umgehen und sich entsprechende Hilfen holen. Generell kann man sagen, dass die Betroffenen umso weniger Probleme im Jugendlichen- und Erwachsenenalter haben, je früher Diagnose und Therapie einsetzen.

◀ Alle Kinder brauchen Raum, um sich auszutoben.

Das überaktive Kind in der Schule

Wenn Sie sich die besonderen Bedingungen, unter denen die überaktiven Kinder mit Konzentrationsschwierigkeiten lernen und arbeiten, vor Augen führen, werden Sie deren Gefühle in der Schule verstehen. Wegen der Konzentrationsschwierigkeiten, der motorischen Unruhe und der Impulsivität haben sie es schwer, dem Unterricht zu folgen.

Die Lernumgebung und die Art der Aufgaben können an die Lernbedürfnisse der Kinder angepasst werden, wenn alle Beteiligten zusammenarbeiten.

Die Anregungen in diesem Kapitel betreffen vor allem die schulische Arbeit des Kindes. Obwohl sie meistens die Hausaufgaben betreuen, haben Eltern darauf nur begrenzt Einfluss. Aber Sie können im vertrauensvollen Gespräch mit dem Lehrer oder der Lehrerin Ihres Kindes darüber reden, welche dieser Hilfen wie in den Unterricht eingebaut werden könnten.

Konzentrationsstützen

Die Fähigkeit, die eigene Konzentration zu steuern, ist im Unterricht von entscheidender Bedeutung. Diese Forderung kann man nochmals unterteilen in

- konzentriertes Verhalten aufbauen,
- sich nicht ablenken lassen,
- konzentriertes Verhalten durchhalten.

Lacht denn keiner?

Marvin gehört immer zu den letzten Schülern, die auf ihrem Platz in der Klasse sitzen. Als er sich mit untergeschlagenen Beinen endlich niedergelassen hat, will die Lehrerin mit dem Unterricht beginnen. Marvin springt wieder auf und schneidet Grimassen. Er schaut sich um, ob jemand lacht. Niemand reagiert so recht heute Morgen. Er setzt sich wieder hin. Da hört er, wie etwas auf den Boden fällt, ein Lineal oder ein Stift eines Mitschülers. Er wendet sich in die Richtung, aus der das Geräusch kam, und taucht unter die Bänke und Stühle, um nach dem Gegenstand zu fahnden. Als ihn die Lehrerin mahnt, meint er trotzig, er hätte doch nur helfen wollen. Er bringt den Stift mit komischen Gesten unter dem Gelächter der anderen zu dem Mitschüler.

Bleiben Sie ruhig und absolut konsequent.

Kinder mit Konzentrationsschwierigkeiten reagieren auf jedes Geräusch und auf jede Bewegung. Sie erkennen nicht, was wichtig ist und zuerst gemacht werden muss, bringen Reihenfolgen durcheinander. Deswegen fallen ihre Arbeiten oft schlechter als nötig aus. Sie können nicht zeigen, was sie wirklich können, und sind schnell frustriert über die eigene Leistung.

Solche Kinder lernen nicht von selbst, wie man sich organisiert, man muss ihnen dabei helfen. Nehmen Sie dem Kind nicht einfach ab, seine Schulsachen zu packen und an alles zu denken. Schreiben Sie Listen mit Dingen, die zu tun sind. Da kann es dann abhaken, was erledigt ist. Packen Sie die Schultasche gemeinsam mit dem Kind. Üben Sie ein Ritual ein, an dem es sich orientieren kann: „Wie ein Pilot von einem großen Flugzeug machen wir einen Check und prüfen, ob wir alles haben." Wenn das Kind gepackt hat und alles kontrolliert ist, loben Sie es. Tragen Sie ihm nichts nach, denn dann lernt es nur, dass es nicht selbst auf seine Sachen aufpassen muss. Sie unterstützen das Kind nicht, indem Sie Aufgaben für das Kind erledigen.

Führen Sie dem Kind vor, wie man an eine Arbeit herangeht: erst mal überlegen, ob man alles Notwendige dahat, dann … Zeigen Sie ihm, wie man sinnvoll Organisationshilfen wie Sammelmappen für Hefte und Arbeitsblätter oder Pinnwände für Notizen nutzt.

Einige Ideen erleichtern das Lernen, sie sind sowohl zu Hause sinnvoll einsetzbar als auch in der Schule. Wenn Sie mit dem Lehrer oder der Lehrerin reden, können Sie diese Anregungen für den Unterricht mit Ihren Erfahrungen, was bei Ihrem Kind besonders gut hilft, weitergeben.

Kinder mit Konzentrationsschwierigkeiten müssen vor allem lernen, sich vor Ablenkungen zu schützen. Sie schweifen ganz schnell ab, sobald sich die Dinge wiederholen. Hier helfen Abwechslung und interessante Aufgaben, Bilder oder Bewegungselemente, etwa durch pantomimische Darstellung oder das Anfertigen von Skizzen. Zerlegen Sie eine Aufgabe lieber in mehrere kleine Teilaufgaben. Viele kleine Aufgaben fallen dem Kind meist leichter als eine lange Aufgabe, weil kleine Zwischenerfolge zum Weitermachen anspornen.

Abwechslungsreiche Aufgaben erleichtern das „Dranbleiben".

Kurze und knappe Erklärungen erreichen Kinder mit Konzentrationsschwierigkeiten eher als wortreiche Erläuterungen, bei denen das Kind alsbald mit seinen Gedanken weiterwandert.

Um das Durchhaltevermögen von Kindern mit Konzentrationsschwierigkeiten zu verbessern, sollten Sie die Aufmerksamkeit immer wieder einfordern, indem Sie zum Beispiel sagen: „Das ist wichtig!" In Absprache mit den Lehrern lässt sich das auch in der Schule verwirklichen.

„Achtung, hör jetzt genau zu!"

Lena ist in der vierten Klasse mit 25 Kindern. Lena ist verträumt und schnell abgelenkt. Wenn sie etwas angefangen hat, vergisst sie manchmal völlig, was sie eigentlich tun sollte oder wollte, weil schon wieder etwas anderes interessant ist. Der Lehrer gibt Anweisungen grundsätzlich sehr langsam und nur ein einziges Mal. Zuvor gibt er ein Handzeichen als Signal, damit alle wissen, dass es jetzt wichtig wird. Bevor er weiterredet, wartet er immer, bis alle die Anweisung ausgeführt haben, etwa bis alle das Buch aufgeschlagen haben. Erst dann geht es weiter. Lena kommt damit gut zurecht, weil sie so bei einer Sache bleiben kann.

Geben Sie dem Kind die Aufgaben schriftlich oder zeichnen Sie sie ihm als Plan auf, sodass es diese nach und nach erledigen kann und nichts vergisst. Zeigen Sie durch Blickkontakt, dass Sie wissen, ob es noch bei der Arbeit ist. Vereinbaren Sie mit dem Kind bestimmte Zeichen, zum Beispiel um ihm zu signalisieren, dass es noch nicht losgeht oder dass es nun anfangen soll mit der Arbeit. Hier haben sich Signalkarten (zum Beispiel rot für Warten, grün für Anfangen) bewährt, die Lehrer und Lehrerinnen im Unterricht auch an der Tafel anbringen können. Achten Sie darauf, dass Ablenkungen aus dem Weg geräumt sind, also etwa der Lieblingscomic außer Sicht ist.

Ein übersichtlicher Arbeitsplatz und ein klarer Arbeitsplan unterstützen die Konzentration.

Die sprudelnden Ideen in gute Bahnen lenken

Kindern mit einem impulsiven Arbeitsstil kann nichts schnell genug gehen. Langsames, überlegtes und schrittweises Vorgehen fällt ihnen schwer. Sie reagieren vorzugsweise auf Dinge, die ihnen ins Auge springen, und überlegen nicht, ob dies auch die Dinge sind, die sie anschauen sollen. Deswegen lesen sie immer wieder Aufgabenstellungen nicht ganz durch und bearbeiten Aufgaben nur halb oder nicht richtig. Damit ist zum Teil der Frust vorprogrammiert, weil ihnen die Lösung nicht gelingt. Andererseits kann diese Art bei Fragestellungen, die ungewöhnliche Problemlösungen erfordern, erfrischend neue Ansätze hervorbringen. Daher ist es wichtig, dass es Lern- und Arbeitsumgebungen gibt, in denen die Kinder ihre besonderen Talente anbringen können.

Sie können Ihr Kind bei den Hausaufgaben unterstützen, indem Sie ihm helfen, sich zu organisieren. Die Aufgaben muss es dann allein erledigen.

Ein Plus ist nicht immer ein Gewinn

Die Kinder in Melanies Klasse sollen rechnen. Die Lehrerin hat Übungsblätter ausgeteilt und erklärt gerade, was zu tun ist. Sie geht mit den Kindern Beispielaufgaben durch. Melanie, die gerne rechnet, hat währenddessen schon längst angefangen, die Aufgaben zu lösen. Plötzlich ruft sie durch die Klasse: „Fertig!“ Die Lehrerin sieht mit einem kurzen Blick auf das Übungsblatt, dass Melanie nicht nur ein ganzes Rechenpäckchen vergessen hat, sie hat auch übersehen, dass in den Rechenaufgaben teils Additionen und teils Subtraktionen durchzuführen waren, und stattdessen alle Zahlen zusammengezählt. Als die Lehrerin sie darauf hinweist, nimmt Melanie einen Stift und zermalt ihr Blatt so lange, bis es völlig zerrissen ist.

Bei Überforderung schalten hyperaktive Kinder schnell ab.

Durch seinen voreiligen, unbeherrschten Arbeitsstil bringt das überaktive Kind leicht wichtige Informationsteile durcheinander oder übersieht sie. Dinge, die ihm zu schwer sind, lange Texte oder weitschweifige Erklärungen bringen es oft dazu, abzuschalten. Besonders nach einer Phase der Aktivität, zum Beispiel nach dem Sportunterricht, hat es manchmal Probleme, sich wieder zu beruhigen. Achten Sie deshalb darauf, dass das Kind Zeit hat, sich zu sammeln. Eine Entspannungs- oder eine Konzentrationsübung zu Beginn einer Arbeitsphase können hier helfen. Günstig sind Unterrichtsmaterialien, die das Kind selbst ergänzen oder mit denen es etwas tun kann. Für impulsive Kinder ist es leichter, wenn sie Aufgaben einzeln auf Karteikarten statt auf einem einzigen Blatt Papier vorgelegt bekommen. Geschichten und Erklärungen kommen besser an, wenn sie mit Bildern und Zeichnungen unterstützt oder auch pantomimisch dargestellt werden.

Suchen Sie Möglichkeiten, die schwierigen Wartepausen zu überbrücken.

Geben Sie Kindern, die nicht abwarten können, bis sie an der Reihe sind, in der Zwischenzeit andere Aufgaben. Manche Kinder können besser zuhören, wenn ihnen eine einfache, motorische Nebentätigkeit erlaubt wird, zum Beispiel etwas ausmalen oder irgendetwas mit den Händen tun dürfen – Knete rollen, Briefklammern oder Pfeifenputzer biegen.

Überaktivität bändigen

Überaktive Kinder sind einerseits ständig in Aktion, andererseits aber haben sie auch Probleme, kleine und genaue Bewegungen wie etwa beim Schreiben, Schneiden oder Basteln genau auszuführen.

Ri Ra Rutsch, da ist der Stuhl schon futsch ...

Heute sollen die 27 Kinder in der dritten Klasse die auswendig gelernten Gedichte vortragen. Ralf ist bei den Ersten, die sich melden. Er hat ein lustiges Gedicht vorbereitet, das er mit Spaß zum Besten gibt. Dann kommen die anderen an die Reihe. Beim Ersten hört er noch zu, das ist sein bester Freund. Danach wird es schwierig. Ralf beginnt zu zappeln, wippt mit den Beinen, schaukelt mit dem Stuhl, trommelt mit den Fingern. Der Lehrer mahnt ihn wiederholt und zunehmend schärfer. Die Kinder in der Klasse warten gespannt darauf, wann der Lehrer so genervt ist, dass er heftig wird. Plötzlich tut es einen Schlag, und Ralf knallt auf den Boden. Die Klassenkameraden schütteln sich vor Lachen. Ralf schämt sich sehr in seiner Ungeschicklichkeit und schreit in die Klasse: „Ihr seid doch alle blöd!“

◀ Auffallend aktive Kinder belasten das Familienleben.

Wenn möglich sollte man den Kindern erlauben, zum Beispiel im Stehen zu arbeiten oder Aufgaben so zu stellen, dass Bewegung möglich ist. Denkbar ist zum Beispiel, dass die Kinder aufstehen dürfen, um in der Bücherecke etwas nachzusehen, oder an die Tafel laufen müssen, um dort etwas aufzuschreiben, oder kleine Aufträge bekommen, die mit Bewegung verbunden sind. Belohnen Sie den Zappelphilipp für Phasen der konzentrierten Arbeit mit Bewegungseinheiten. Manchen Kindern hat es auch schon geholfen, auf Sitzbällen statt auf Stühlen zu sitzen, weil sie sich so die notwendige Bewegung sozusagen „nebenbei" verschaffen können.

Störungen der Entwicklung

Wenn auf die besonderen Lernbedürfnisse der überaktiven Kinder keine Rücksicht genommen wird, kommen sie recht schnell ins Hintertreffen. Sie erleben hauptsächlich Misserfolge, weil ihre Arbeitsweise nicht gründlich genug ist. Sie sehen außerdem, wie die anderen alles scheinbar ganz leicht viel besser machen. Lehrer und Eltern glauben manchmal, dass sie dem Kind mehr Übung verschaffen müssten, und geben ihm zusätzliche Aufgaben. Das ist trotz bester Absicht ungünstig, denn es kann bei dem Kind als „Schikane" ankommen. Es muss sich nur noch länger mit den Dingen herumschlagen, die ihm sowieso schon schwer fallen.

Zu viel des Guten kann auch schaden.

Die Kinder haben bald keine Lust mehr, vermeiden Leistungssituationen und sagen Sätze wie: „Ich will nicht schreiben lernen!" Sie verweigern einerseits die Anstrengung und halten sich für Versager. Sie suchen dann den Erfolg auf anderen Ebenen, zum Beispiel indem sie den Klassenkasper geben. Sie halten sich für schlecht, weil sie mehr als andere gescholten und gestraft werden und trotz großer Mühe nichts so zustande bringen wie die anderen. Eltern und Lehrkräfte stehen dagegen in der Gefahr, die Kinder für fähig, aber launisch und faul zu halten. Das liegt nahe, denn sie nehmen starke Leistungsschwankungen wahr und denken vielleicht: Das Kind kann, wenn es nur will, man muss es nur antreiben.

Spiegel eigener Stimmungen

Die Lehrerin berichtete, dass ihr mit der Zeit klar wurde, dass das überaktive Kind in ihrer Klasse eine Art Gradmesser oder Spiegel für ihre eigene Anspannung war. Sie beobachtete, dass sich die Unruhe des Kindes immer dann steigerte, wenn sie selbst nervös, angespannt und ein wenig hektisch wurde. Wenn sie sich dagegen ruhig und entspannt fühlte, war auch das Verhalten des überaktiven Kindes im Rahmen. Seither versucht sie jedes Mal, wenn das Kind unruhig wird, sich selbst zu beruhigen und eine Entspannungsphase einzulegen. Dann kann es für alle wieder geordnet und mit Bedacht weitergehen. Vielleicht gilt das abgewandelt auch für andere Bezugspersonen eines überaktiven Kindes.

Manchmal spiegelt sich die eigene Anspannung in der Unruhe des Kindes. Prüfen Sie Ihr eigenes Verhalten, bevor Sie Ihr Kind zurechtweisen.

Frühe Hilfe zahlt sich aus

Je früher ein Kind mit Konzentrationsschwierigkeiten Hilfen erfährt, desto günstiger wird die weitere Entwicklung des Kindes beeinflusst. Halten Sie sich vor Augen, dass das Verhalten des Kindes weder absichtliche Bosheit noch Versagen ist. Es bringt wie alle anderen Kinder besondere Talente mit.
Die Lernaufgaben müssen einfach so gestaltet und kontrolliert werden, dass sie seinen speziellen Lernbedürfnissen entsprechen. Versuchen Sie, darüber mit der Lehrerin oder dem Lehrer Ihres Kindes ins Gespräch zu kommen.

Je früher Kindern mit Konzentrationsschwierigkeiten geholfen wird, desto besser.

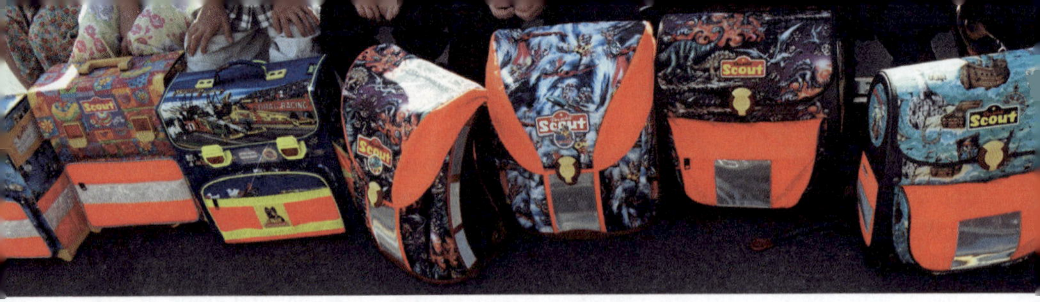

Die Lernumgebung gestalten

Kinder mit Aufmerksamkeitsstörungen und Hyperaktivität lernen und arbeiten anders. Es gibt viele Vorschläge, wie man diese Kinder bei ihrem schulischen Lernen unterstützen kann. Dabei haben sich solche Maßnahmen am nützlichsten erwiesen, die

- individuell auf das jeweilige Kind eingehen,
- zugleich auf mehreren Ebenen einsetzen,
- konsequent und regelmäßig durchgehalten werden,
- bei denen Eltern, Lehrer und Therapeuten zusammenarbeiten und
- die fortlaufend betreut und an neue Entwicklungen angepasst werden.

An einem Strang ziehen

Überaktive Kinder haben von ihrer Begabung her dieselben Voraussetzungen wie andere Kinder auch, aber aufgrund ihrer Konzentrationsschwierigkeiten benötigen sie Unterstützung bei der Einteilung und Durchführung der Arbeit. Sie müssen anders zum Arbeiten und zur Selbstkontrolle angeleitet werden als Kinder ohne überdurchschnittliche Probleme mit der Konzentration. Erzieher und Bezugspersonen können Lernumgebung und Unterrichtsmaterialien so gestalten, dass sie den besonderen Bedürfnissen

Fördermaßnahmen sind dann nützlich, wenn sie konsequent eingesetzt werden und alle zusammenarbeiten.

von Kindern mit Konzentrationsschwierigkeiten gerecht werden, und auch ihr eigenes Verhalten entsprechend anpassen. Nur so lernen die Kinder, die Anforderungen und Aufgaben im Leben zu meistern.

Das gelingt am besten, wenn möglichst alle Beteiligten zusammenarbeiten und die Erzieher einheitlich reagieren.

- Eltern und Lehrer stellen dieselben Anforderungen an das Kind.
- Sie verlangen die Einhaltung derselben Regeln.
- Sie verteilen Lob und Tadel nach denselben Regeln.
- Sie entscheiden im Einvernehmen über Belohnung und, wenn nötig, über eine sinnvolle Bestrafung.
- Sie sind gleichermaßen Modell für bestimmte Verhaltensweisen.

Kinder mit Konzentrationsschwierigkeiten und Hyperaktivität haben ein sehr feines Gespür dafür, was ihnen wer durchgehen lässt. Dann werden sie auf keinen Fall ihr Verhalten besser organisieren. Insofern kommt es entscheidend auf die Rolle der Erzieher an. Deren Verhalten gibt den Ausschlag, denn gerade Kinder mit Konzentrationsschwierigkeiten können es kaum verstehen, wenn verschiedene Erzieher auf dasselbe Verhalten unterschiedlich reagieren oder ein Erwachsener ein Verhalten in einem Fall bestraft, im anderen Fall darüber hinwegsieht oder es sogar verstärkt. Einheitliche Regeln und Standards sind hier immer hilfreich.

Nicht selten verstricken sich Eltern und Lehrkräfte offen oder verdeckt in gegenseitigen Vorwürfen. Schuldzuweisungen helfen aber rein gar nichts, sondern führen nur zu Verstimmungen und treiben den jeweils anderen in die Verteidigung. Denken Sie bitte nicht, dass die andere Seite denkt, Sie könnten Ihr Kind nicht richtig erziehen. Sprechen Sie lieber mit der Lehrerin oder dem Lehrer Ihres Kindes und klären Sie die Sachlage in Ruhe. Vielleicht erkennen Sie in einem solchen Gespräch klarer, wo die Schwierigkeiten genau liegen, wie man sie gemeinsam ausräumen oder zumindest angehen könnte und was Sie noch in Erfahrung bringen müssen.

Schuldzuweisungen helfen niemandem. Die Zusammenarbeit zwischen Eltern und Lehrkräften entscheidet über den Erfolg.

Tipp

Kinder brauchen klare Regeln, müssen wissen, wie Aufgaben aussehen sollen oder wie lange gearbeitet werden soll. Das sollte in der Schule und zu Hause möglichst gleich sein und insgesamt überschaubar bleiben. Beschränken Sie sich zunächst auf wenige Punkte. Sprechen Sie diese mit dem Kind und den Lehrern ab.

Das Lehrstück vom Tauziehen

Susanne sitzt im Unterricht und träumt vor sich hin. Die Lehrerin muss sie ständig zur Mitarbeit ermahnen. Bei Gruppenaufgaben arbeitet das Mädchen nicht so recht mit. Wenn die Lehrerin hinschaut, sucht Susanne oft irgendetwas in ihrem Mäppchen, klaubt ein Blatt Papier vom Boden auf oder blättert im Buch. Damit sich Susanne stärker am Unterricht beteiligt, hat die Lehrerin sie an den Gruppentisch vor ihrem eigenen Pult versetzt. Wenn Susanne wieder mal nicht mitgemacht hat, bekommt sie eine Extra-Aufgabe für zu Hause, damit sie sich mit dem Stoff befasst. Susannes Mutter hält die viele zusätzliche Arbeit für Schikane und hilft ihrer Tochter bei der Anfertigung der Aufgaben mehr, als sie das sonst tun würde. Schließlich soll der Hausaufgabenkampf am Nachmittag auch mal ein Ende haben. Daraufhin wirft die Lehrerin der Mutter vor, ihre Tochter zu verziehen, und rät energisch, die Aufgaben nur noch zu überwachen, nicht mehr direkt zu helfen. In der Zwischenzeit war die Mutter mit Susanne bei der Kinderärztin, die eine Aufmerksamkeitsstörung diagnostiziert hat. Susanne erhält jetzt ein Medikament, das ihr hilft, konzentrierter zu arbeiten. Das merkt die Lehrerin und freut sich. Sie ist in ihrer Ansicht bestärkt, dass es ganz richtig war, der Mutter einmal deutlich die Meinung gesagt zu haben. Ihr eigenes Verhalten gegenüber Susanne ändert sie nicht.

Lehrkräfte als Partner

Es fällt Ihnen vielleicht nicht immer leicht, mit Lehrern und Lehrerinnen Ihres Kindes darüber zu sprechen, welche Probleme Sie bei Ihrem Kind vermuten. Manche Eltern scheuen sich, mit den Lehrkräften offen über die Konzentrationsschwierigkeiten zu reden, weil sie Nachteile für ihr Kind vermeiden wollen. Hier müssen Sie

Vor- und Nachteile abwägen. Ein entscheidender Vorteil, wenn die Lehrer bei der Diagnose einbezogen werden, ist, dass diese die Kinder in verschiedenen Situationen sehen und über den Wechsel des Verhaltens bei verschiedenen Aktivitäten am besten Auskunft geben können und sie dann auch leichter in die Maßnahmen, die aus der Diagnose folgen, mit einzubeziehen sind.

Bernds Kampf mit dem Füllfederhalter

Bernd zeigt mit seinen sieben Jahren immer mehr Anzeichen für eine gestörte Aufmerksamkeit. Die Lehrerin hat den Eltern geklagt, dass Bernd in Phasen von Stillarbeiten ständig auf dem Stuhl hin und her rutscht und mit seiner Unruhe die anderen Kinder an seinem Gruppentisch ablenkt. Außerdem ist er beim Schreiben deutlich langsamer als der Rest der Klasse. Weil er wiederholt Pausen einlegt, wird er immer nach allen anderen fertig. Als die Eltern mit Bernd beim Facharzt vorstellig werden, nimmt dieser mit dem Einverständnis der Eltern Kontakt zur Lehrerin auf, um sich ein Bild zu machen. Er lässt sich insbesondere auch Arbeitsproben geben, also Hefte und Arbeitsblätter. Dabei stellt er fest, dass Bernds Schrift sehr ungelenk, kantig und trotz aller Mühe meist unleserlich ist. Bernd strengt sich beim Schreiben so an, dass die ganze Hand verkrampft. Oft bringt er seine Aufgabe nicht zu Ende, weil die Schreibhand zu sehr schmerzt. Seine Hefte sehen entsprechend aus und sie sind voller unvollständiger Aufgaben.

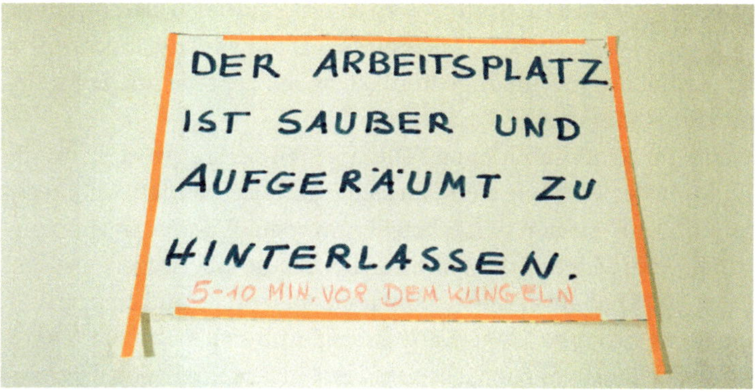

◀ Klare Regeln helfen unruhigen Kindern, ihr Verhalten zu steuern.

Der Arzt entscheidet, dass auf jeden Fall weitere Untersuchungen erforderlich sind. Dabei kommt heraus, dass Bernds Schwierigkeiten mit der Konzentration Folge einer Entwicklungsverzögerung in der feinmotorischen Koordination sind. Das heißt, er kann komplizierte Bewegungsabläufe nicht mit derselben Fertigkeit wie seine Altersgenossen ausführen und wirkt dadurch nicht nur ungeschickt, sondern ihm fällt das Schreiben so schwer, dass er schnell die Lust verliert. Was zunächst nach einer Aufmerksamkeitsstörung mit Hyperaktivität aussah, entpuppt sich als Entwicklungsverzögerung, die man gezielt behandeln muss.

Ohne Zusammenarbeit kein Erfolg

Die Zusammenarbeit zwischen Lehrern und Lehrerinnen und Ihnen als Eltern ist wesentlich für den Erfolg der eingeleiteten Maßnahmen. Wenn Eltern eine Aufgabe nicht gut gelungen finden, aber die Lehrerin damit zufrieden ist, weiß das Kind nicht, woran es ist. Dasselbe gilt für Verhaltensregeln. Wenn das Kind in der Klasse lernen soll, nicht einfach mit etwas herauszuplatzen, dann sollten Sie als Eltern überlegen, in welchem Rahmen Sie zu Hause darauf achten können oder wollen, dass Gesprächsregeln eingehalten werden.

Je stärker die Erzieher an einem Strang ziehen, je einheitlicher das Konzept, desto deutlicher wird dem Kind, was zu tun ist, und desto klarer sieht es, wonach es sich richten soll.

Das Kind darf nicht den Eindruck gewinnen, dass der Lehrer oder die Lehrerin aus Schikane auf bestimmten Dingen besteht. Je mehr die Erzieher an einem Strang ziehen, je einheitlicher das Konzept, desto deutlicher wird dem Kind, was zu tun ist, und desto klarer sieht es, wonach es sich richten soll. Dafür sind die Zusammenarbeit und der regelmäßige Kontakt zu den Lehrern und Lehrerinnen Ihres Kindes eine Voraussetzung.
Wenn Ihr Kind durch einen Therapeuten betreut wird, kann die Wirkung der Therapie ziemlich sicher gefestigt werden, wenn Lehrer und Lehrerinnen daran beteiligt werden. Was in der Therapiestunde erarbeitet wird, sollte in die Schule übertragen werden. Lernt ein Kind etwa, seine spontanen Ausbrüche zu beherrschen, indem es sich eine Stopp-Karte hinlegt und sich selbst die Anweisung gibt, langsam zu machen und erst mal zu überlegen, ist es na-

türlich wünschenswert, wenn diese Übung auch bei Aufgaben im Schulunterricht durchgeführt wird. Vielleicht denkt es nicht immer von selbst daran, das in der Therapiestunde gelernte Vorgehen in der Klasse einzusetzen. In diesem Fall ist es gut, wenn der Lehrer es daran erinnert, zum Beispiel indem er auf die Stopp-Karte deutet. Für das Kind ist es auch sehr positiv, wenn der Lehrer das Kind unmittelbar lobt, weil es systematisch gearbeitet hat.

Eine Therapie hat letztlich das Ziel, die Selbstkontrolle des Kindes insgesamt zu steigern. Es soll nicht nur in der geschützten Situation bei der Therapeutin, sondern auch im Alltag und insbesondere in der Schule lernen, die eigene Aufmerksamkeit zu steuern und seine Impulsivität und überschießende Motorik im Zaum zu halten. Die Lehrer und Lehrerinnen können sagen, inwieweit sich das Verhalten des Kindes in der erwünschten Richtung verändert, denn sie beobachten sein Arbeitsverhalten aus nächster Nähe. Sie sind die Ersten, die seine Erfolge und Misserfolge wahrnehmen.

Regelmäßiger Kontakt zwischen Eltern und Lehrkräften stärkt das gegenseitige Vertrauen. Im Gespräch haben auch positive Entwicklungen einen wichtigen Platz.

Zu ihnen ist ein Vertrauensverhältnis besonders wichtig. Deswegen sollte man nicht immer nur dann miteinander sprechen, wenn wieder einmal „etwas passiert" ist, sondern versuchen, regelmäßig Kontakt zu halten. Eine Möglichkeit ist ein Heft, über das Sie sich regelmäßig mit dem Lehrer oder der Lehrerin Ihres Kindes austauschen, indem jeder seine Beobachtungen einträgt.

In regelmäßigen Abständen ist auch ein persönliches Gespräch in der Sprechstunde oder per Telefon angebracht. Dabei sollten Sie unbedingt auch von den erfreulichen Seiten berichten. Manchmal schaut man nur noch auf die Probleme und verliert darüber die Fortschritte aus dem Blick. Wichtig ist, dass alle Beteiligten sehr genau hinschauen und sich darüber einigen, was sie beobachten wollen. Hier ein paar Beispiele:

- Hat das Kind regelmäßig alle Schulsachen dabei?
- Arbeitet das Kind selbstständig über eine vereinbarte Zeit?
- Legt das Kind vor dem Beginn der Arbeit alles außer Sichtweite, was stören könnte?

- Das Kind lernt gerade, sich seine Zeit mit einer Uhr einzuteilen. Wie gut klappt das?

Protokolle wachsender Ordentlichkeit

Zusammen mit dem Therapeuten arbeitet der zehnjährige Tobias daran, erst zu prüfen, ob er alle erforderlichen Sachen hat, bevor er eine Arbeit anfängt. Seine Klassenlehrerin und seine Eltern achten deshalb besonders darauf, wie er sich organisiert. Die Beobachtungen halten sie in einem Heft fest und besprechen die Eintragungen in regelmäßigen Abständen mit Tobias. So können Fortschritte erkennbar, Schwierigkeiten deutlich und neue Ziele gesetzt werden.

Fördern

FÖRDERN: Sieben Schritte für eine bessere Umgebung zum Lernen

1. Finden Sie heraus, welche äußeren Bedingungen das Lernen begünstigen.
2. Öffnen Sie sich den Stärken des Kindes.
3. Regen Sie an, dem Kind Aufgaben zu geben, bei denen es Erfolg haben kann.
4. Denken Sie darüber nach, welche speziellen Schwierigkeiten auftreten könnten.
5. Erarbeiten Sie Möglichkeiten, „vermintes" Gelände zu umgehen.
6. Richten Sie die Arbeitsweise stets an der Entwicklung des Kindes aus.
7. Nehmen Sie Rücksicht auf die besondere Lernsituation des Kindes.

Finden Sie heraus, welche äußeren Bedingungen das Lernen begünstigen

Wird das Kind an seinem Arbeitsplatz abgelenkt? Ist Blickkontakt leicht und schnell möglich, die Kontrolle aber auch nicht zu eng? Gibt es „Auslauf"? Kann man – in der Schule oder Zu-Hause – die Möbel umstellen, damit die Lernbedingungen günstiger werden, etwa den Schreibtisch vom Fenster wegstellen, Poster und Pinnwand umhängen; Regal mit Utensilien neben dem Arbeitstisch anbringen, damit Geodreieck, Zirkel, Stifte, Schere, Kleber, Wörterbuch und so weiter immer parat sind, und nicht benötigte Gegenstände aus dem Blickfeld räumen? Sollte man den Fernseher mit einem Tuch zuhängen, das Telefon leise stellen, das Handy abschalten?

Am besten ist es, wenn Sie zusammen mit dem Kind den Arbeitsplatz so organisieren können, dass es kontinuierlich arbeiten kann und nichts ablenkt. Das Kind sollte wissen, dass die Betreuungsperson bei den Hausaufgaben in der Nähe und ansprechbar ist. Das heißt nicht, direkt dabeizusitzen, denn dadurch entsteht entweder Druck oder das Kind gibt ab und lässt sich die Aufgaben machen.

Sorgen Sie dafür, dass der Arbeitsplatz aufgeräumt bleibt.

Wichtig ist auch ein zeitlicher Rahmen für die Arbeit. Kann das Kind das Ende absehen? Hat es einen Überblick über die Zeit? Für die Kinder sind Zeitstrecken, die scheinbar kein Ende nehmen oder deren Dauer sie nicht einschätzen können, schwer zu ertragen. Man kann für den Anfang vereinbaren, dass das Kind zum Beispiel 15 Minuten lang arbeitet und die Aufgaben abliefert, die es in dieser Zeit geschafft hat. Auch wenn es nicht alles geschafft hat, ist es wichtiger, dass das Kind überhaupt lernt, länger bei der Sache zu bleiben.

Öffnen Sie sich den Stärken des Kindes

Welche Stärken des Kindes lassen sich im Unterricht nutzen? Welche Vorlieben es? Welche Ausdrucksform beherrscht es besonders gut – Körpersprache, Zeichnen, Musik? Welche Vorzüge könnten seine Spontaneität und Impulsivität haben? Auch Verhaltensweisen, die oft als störend empfunden werden, haben eine Kehrseite. Ungehemmte Neugier und Bewegungsdrang könnten die anderen mitreißen und ihnen Mut geben, etwas einfach einmal zu probieren. Reiten Sie nicht immer auf den Schwächen des Kindes herum. Wie kann das Kind zeigen, was es kann? Helfen ihm Bilder, Geschichten ausführlicher und vollständiger zu erzählen? Helfen ihm schriftliche Anweisungen zum Nachlesen bei komplexen Aufgaben? Erfolge sind für die weitere Motivation zum Lernen ganz wichtig. Kinder

Forschen Sie nach: Was kann Ihr Kind besonders gut?

strengen sich eher an, wenn sie sehen, dass es sich lohnt. Aufgaben, mit denen die Schüler üben sollen, was sie noch nicht so gut beherrschen, sind ein zweischneidiges Schwert: einerseits notwendig, andererseits stoßen sie das Kind genau auf seine Schwächen. Die negativen Folgen lassen sich eingrenzen, indem Sie

- die Übungen zeitlich begrenzen,
- den Umfang mit dem Lehrer absprechen,
- Sorge tragen, dass das Kind auch seine Stärken einbringen kann, und
- nicht mit Lob sparen, auch wenn Sie mit dem Ergebnis noch nicht ganz zufrieden sein sollten.

Regen Sie an, dem Kind Aufgaben zu geben, bei denen es Erfolg haben kann

Kein Kind hat nur Schwächen. Wie könnten Sie die Stärken eines Kindes herausstellen? Wenn Ihr Kind gern malt, warum bitten Sie es nicht, zu einer Geschichte ein Bild zu malen, das dann aufgehängt wird? Wenn Ihr Kind schauspielerische Fähigkeiten hat und gut Stimmen nachahmen kann, könnte es doch der Familie etwas vorlesen. Findet sich ein Dienst, für den man dem Kind die Verantwortung übertragen kann? Häufig scheinen die besonderen Fähigkeiten von Kindern mit Konzentrationsschwierigkeiten nicht in den schulischen Kontext zu passen. Man lobt vielleicht ihre Kreativität, bezieht ihre Talente aber nicht mit ein. Genau damit könnte sich das Selbstwertgefühl des Kindes verbessern und sein Stolz auf den eigenen Beitrag langsam aber sicher entwickeln.

Jedes Kind hat Talente. Geben Sie ihm Gelegenheit, sie zu zeigen.

Denken Sie darüber nach, welche Schwierigkeiten auftreten können

Bei manchen Dingen lassen sich schon bei der Planung die Probleme vorhersagen, die das Kind haben wird. Entsprechend frühzeitig kann man Lösungsmöglichkeiten bedenken. Sind Handlungen notwendig, die im Vorfeld geübt werden können? Gibt es eine Struktur, an der sich das Kind orientieren kann? Gibt es Spielraum, um auf die Bedürfnisse des überaktiven Kindes mit Konzentrationsschwierigkeiten einzugehen? Selbst wenn sich die Probleme nicht ausräumen lassen, sind Sie weniger frustriert, wenn Sie davon nicht überrascht werden. Effektive Unterstützung heißt, vorausschauend zu planen und sich zu fragen: „Wie muss eine Aufgabe für Hans aussehen, damit er bei der Sache bleiben kann?" Schwierigkeiten treten vor allem auf, wenn die Kinder

- sich relativ lange mit ähnlichen Dingen befassen müssen,
- lange warten, still sitzen und zuhören müssen oder
- lange angespannt sind, ohne sich zwischendurch entspannen zu dürfen.

> **Tipp**
>
> Überaktive Kinder mit Konzentrationsschwierigkeiten benötigen äußere Gedächtnisstützen, um bei ihren Aufgaben zu bleiben. Anleitungen in kleinen Schritten helfen ihnen, die Konzentration aufzubauen und aufrechtzuerhalten.

Erarbeiten Sie Möglichkeiten, „vermintes" Gelände zu umgehen

Wie lassen sich Aufgaben und Aktivitäten abwandeln, sodass der Zweck erfüllt und das Problem vermieden wird? Welche Variationen können Sie einbauen, um die Aufmerksamkeit des Kindes aufrecht zu erhalten? Welche Reihenfolge der Aufgabe ist sinnvoll? Wie viele Anweisungen können Sie auf einmal geben? Welche Hilfsmittel können Sie zur Verfügung stellen? Welche Bewegungselemente lassen sich sinnvoll einsetzen? Welche Sinne werden angesprochen? Welche nicht? Wie könnten Sie das ändern?

Übersichtliche und strukturierte Lernumgebungen sind günstiger als offene

Bei überaktiven Kindern mit Konzentrationsschwierigkeiten sind bestimmte Stolpersteine relativ leicht vorwegzunehmen. Diese Kinder kommen nicht so gut zurecht, wenn eine Lernsituation sehr offen ist. Sie werden unruhig, wenn sie nicht wissen, worauf es ankommt, was auf sie zukommt und wie lange sie arbeiten müssen. Sie haben Schwierigkeiten, wenn zu viel Information auf einmal kommt, wenn sie diese über längere Zeit behalten und sehr wortreiche Erklärungen verarbeiten sollen. Die nachfolgenden Vorschläge können Sie auch mit dem Klassenlehrer abstimmen.

Der regelmäßige Einsatz von Signalkarten hilft dem Kind, seine zuweilen überstürzte Arbeitsweise zu ändern und die davongaloppierenden Gedanken zu zügeln. Das könnte auf den Karten stehen:

- Stopp!
- Schau genau hin!
- Höre genau zu!
- Prüfe, ob du die Aufgabe verstanden hast!
- Überlege, ob du das kennst!
- Überlege genau, was zu tun ist!
- Überlege, was du brauchst!
- Überprüfe das Ergebnis!
- Gut gemacht!

Diese Schritte können Sie bei den Hausaufgaben, aber auch beim Basteln, Kochen oder beim Sport immer wieder vorleben und mit dem Kind üben. Wenn Sie wissen, dass das Kind nur schwer mit einem Stift schreiben kann, darf es seinen Aufsatz ruhig mit dem Computer schreiben. Damit verhindern Sie, dass es an der Handschrift scheitert und aufgibt, obwohl es hier eigentlich um fantasievolles Schreiben geht und Ihr Sohn oder Ihre Tochter gute Ideen gehabt hätte.

Systematisches und schrittweises Vorgehen muss immer wieder geübtwerden.

Bauen Sie bei Abwechslung ein. Verändern Sie die Reihenfolgen und mischen Sie die Aufgabenarten. Lässt sich die Gleichförmigkeit nicht vermeiden, muss irgend ein neuer Reiz dazu kommen, damit das Kind bei der Sache bleibt. Beispielsweise hat sich bewährt, für Routinearbeiten leuchtfarbenes Papier zu nehmen. Der Reiz der Farbe scheint es den Kindern zu erleichtern, sich auf die Arbeit zu konzentrieren.

Richten Sie die Arbeitsweise stets an der Entwicklung des Kindes aus

Überlegen Sie: Welche Veränderungen und Entwicklungen haben Sie wahrgenommen? Können die Anweisungen allmählich komplexer werden? Ist das Kind in der Lage, zunehmend selbst die Kontrolle über seine Arbeiten zu übernehmen? Sind die Methoden, mit denen Sie arbeiten, noch altersangemessen? Inwieweit können Sie die Überwachung der Arbeit des Kindes zurücknehmen? Wie nimmt das Kind selbst seine eigene Arbeit, seine Schwierigkeiten und Fortschritte wahr?

Tipp

Konzentrieren Sie die Fördermaßnahmen auf einige wenige überschaubare Punkte. Besprechen Sie den Fortschritt regelmäßig mit dem Kind.

Überprüfen Sie Lösungshilfen, Unterstützungsangebote und Kontrollfunktionen möglichst regelmäßig und, so weit es geht, zusammen mit dem Kind. Schließlich sollen die Kinder langfristig lernen, selbstständig zu arbeiten und zu lernen. Überlegen Sie das weitere Vorgehen gemeinsam, welche Aufgaben und Hilfestellungen sich bewährt haben und welche verändert werden können und müssen. Achten Sie dabei unbedingt darauf, die Fördermaßnahmen auf einige wenige Punkte zu konzentrieren.

Nehmen Sie Rücksicht auf die Lernsituation des Kindes

Prüfen Sie: Welche Rückmeldungen erhält das Kind von Ihnen? Sagen Sie klar und deutlich genug, was Sie von dem Kind erwarten? Spenden Sie viel Lob? Wenn Sie tadeln, weiß das Kind dann, wofür es getadelt wird? Weiß es genau, was es hätte tun sollen? Sind Lob und Tadel klar getrennt und nicht nach dem Motto: „Das war ja ganz schön, aber ..." vermischt? Geben Sie dem Kind unmittelbar zu erkennen, welches Verhalten angemessen war und welches nicht?

Wenn ein Tadel erforderlich ist, sollte er unbedingt auch zeitlich unmittelbar im Zusammenhang mit dem unangemessenen Verhalten stehen, klar und eindeutig sein und einen Hinweis auf das erwünschte Verhalten enthalten: „Tamara, renne nicht einfach

Gerade bei einförmigen Aufgaben brauchen die Kinder Möglichkeiten, sich Abwechslung zu verschaffen, ohne sich abzulenken.

Tipp

Loben Sie das Kind eindeutig. Sagen Sie ihm, was es gut gemacht hat. Schieben Sie kein „aber ..." hinterher. Ignorieren Sie die Dinge, die nicht gelungen sind. Loben und tadeln Sie kurz, knapp und sachlich.

in das Zimmer deiner Schwester. Klopfe an, wenn du sie etwas fragen willst." Ausführlichere Erklärungen kommen oft gar nicht an: „Tamara, ich weiß, du gibst dir schon sehr viel Mühe, aber du musst das wirklich noch ein bisschen besser hinkriegen und anklopfen, bevor du ins Zimmer kommst und deine Schwester etwas fragst." Es ist nicht sehr effektiv, wenn Sie dem Kind nur mitteilen, was es *nicht* tun soll: „Tamara, ich habe dir doch schon hundertmal gesagt, dass du nicht ins Zimmer deiner Schwester rennen sollst!" Bei erfreulichen und erwünschten Verhaltensweisen gilt Ähnliches. Viele Worte fallen auf taube Ohren. Am besten loben sie das Kind kurz und bündig, aber ganz konkret: „Schön, dass du angeklopft hast." Noch besser ist es, wenn die Kinder etwas „zum Anfassen" bekommen – vorausgesetzt, das Kind verliert nicht ständig etwas –, zum Beispiel eine Spielmarke, Stempel mit lustigen Motiven, Aufkleber, bunte Miniklammern zum Anstecken, kleine Dinge, die sie sammeln und später eintauschen können, vielleicht gegen Spielzeit am Computer oder eine andere Lieblingsaktivität.

Formulieren Sie Ihre Rückmeldungen stets positiv.

Wie ist das bei Ihnen: Was sagen Sie dem Kind, wenn es um ein Arbeitsergebnis oder ein Verhalten geht? Berücksichtigen Sie seine individuellen Lernbedingungen und Besonderheiten? Zeigen Sie dem Kind, wie sein Verhalten, seine Anstrengung mit dem Arbeitsergebnis zusammenhängen? Welchen Maßstab legen Sie an, wenn Sie die Leistungen des Kindes bewerten?

Es ist wichtig, dass das Kind einen Erfolg mit seiner eigenen Anstrengung oder seiner eigenen Begabung in Verbindung bringt. Wenn Sie schweigen oder nur sagen: „Na also, du kannst ja, wenn du willst!" oder auch: „Na, da hast du dieses Mal aber Glück gehabt!", dann versäumen Sie eine wichtige Gelegenheit, dem Kind den Zusammenhang zwischen seinem Einsatz und dem Erfolg zu zeigen. Gerade Kinder mit Konzentrationsschwierigkeiten sehen diese Zusammenhänge häufig nicht von selbst. Sie müssen immer wieder darauf hingewiesen werden.

Für das Kind mit Konzentrationsschwierigkeiten ist es entscheidend, dass es für seine Lernanstrengungen unmittelbare Rückmeldung erhält und nicht erst auf Rückmeldungen über Arbeitsergebnisse warten muss, die in großen zeitlichen Abständen kommen. Wenn es sich in der Schule Mühe gibt und die Belohnung in Form einer guten Note erst am Schuljahresende mit dem Zeugnis kommt, dann ist der Zusammenhang zwischen der Note und der eigenen Anstrengung für das Kind nicht mehr erkennbar.

Eine kleine Belohnung wirkt oft Wunder.

Geben Sie dem Kind daher regelmäßig direkte Rückmeldungen, sagen Sie ihm genau, was gut war. Dinge, die noch nicht so gelungen sind, muss man nicht erwähnen. Unerwünschte Nebenwirkungen von angemessenem Lob sind jedenfalls noch nicht bekannt.

Fazit

Was bleibt? Nehmen Sie sich Zeit und suchen Sie sich am besten mehrere Gesprächspartner und gehen Sie die Schritte zwischen Fördern und Fordern durch. Holen Sie sich professionelle Hilfe, sobald es für Sie möglich ist. Je mehr Erfahrungen zusammenkommen, desto besser stehen die Chancen, dass Sie die Probleme in den Griff bekommen.

In jedem Einzelfall werden die Lösungen anders aussehen. Sie müssen zum Kind und zu der Umgebung, in der das Kind lebt, passen. Ebenso ist es wichtig, dass Sie als Eltern hinter diesen Maßnahmen stehen und sie mit dem Lehrer oder der Lehrerin abstimmen. Von den einzelnen Vorschlägen, die hier gemacht worden sind, können Sie sicher einige für Ihr Kind und Ihre Situation umgestalten. Dabei sollte man sich nicht zu viel auf einmal vornehmen und sich auf das vordringlichste Problem konzentrieren. So laufen Sie nicht Gefahr, Ihr Kind und sich zu überfordern.

Probieren sie Maßnahmen und Lösungsmöglichkeiten aus und passen sie Sie an Ihre Bedürfnisse an.

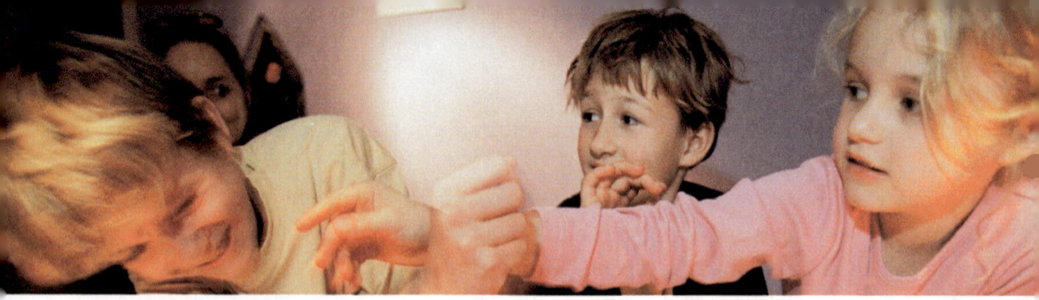

Lösungen in der Familie

Zu Hause sind vor allem solche Situationen kritisch, in denen bestimmte Regeln einzuhalten sind. Es gibt häufig Streit um Alltägliches: Zimmer aufräumen, Schlafengehen, den Hamster füttern, Essen und vor allem immer wieder die Hausaufgaben. Unternehmungen werden zu schwierigen Aktionen, weil es zu unerwarteten Ausbrüchen, Pannen oder Konflikten kommt.

Die OPTIMISMUS-Regel

Es ist eine echte Herausforderung, dem Teufelskreis von Drohen, Genervtsein, Vorwürfen und endlosen, immer gleichen Debatten zu entkommen. Gerade das Zusammenleben mit einem überaktiven Kind mit Konzentrationsschwierigkeiten stellt die Familie vor eine besonders schwere Aufgabe. Einige Grundregeln sollte man dabei beherzigen.

Am besten geht's mit OPTIMISMUS

- Ordnen Sie das Verhalten des Kindes richtig ein.
- Planen Sie einen geregelten Tagesablauf.
- Tun und nicht reden.
- Informieren Sie sich.
- Machen Sie nicht zu viel auf einmal.
- Ignorieren Sie Dinge, die noch nicht so gelungen sind.

- **S**prechen Sie mit dem Kind in Ruhe.
- **M**achen Sie Urlaub vom Kind.
- **U**nterstützen Sie das Kind durch Lob und Anerkennung.
- **S**chaffen Sie Entspannungsräume für sich und Ihr Kind.

Hinter diesen Regeln stecken Erfahrungen, die Lehrer und Lehrerinnen, Eltern, Schulpsychologen und Schulpsychologinnen in der Arbeit mit überaktiven Kindern zusammengetragen haben. Die nächsten Abschnitte erläutern, was Sie sich darunter vorstellen können.

Ordnen Sie das Verhalten des Kindes richtig ein

Glauben Sie nicht, dass das Kind aus bösem Willen handelt. Machen Sie sich klar, dass das Kind selbst unter seiner Überaktivität leidet. Es spürt selbst sehr gut, dass es sich nicht kontrollieren kann. Das ist schmerzlich genug für das Kind.

Ausgegrenzt zu werden ist schmerzhaft.

Ihnen kann dieser Gedanke helfen, sich nicht gleich aufzuregen, weil Sie wissen, dass das Kind nur bedingt etwas für sein Verhalten kann. Sicher müssen Sie es für ein zerstörtes Buch, für ein verrupftes Heft oder eine andere unerwünschte Tat nicht loben. Sie müssen sich aber auch nicht sofort mit Schimpfen und Strafen verausgaben. Eine gelassene Einstellung entschärft die Situation. Versuchen Sie dann zu gegebener Zeit mit dem Kind in ein ernsthaftes Gespräch zu kommen.
Machen Sie sich auch klar, dass das Verhalten des Kindes nicht Ihr persönliches Versagen ist. Es ist auch nicht der Unfähigkeit von anderen Erziehern zuzuschreiben. Das Verhalten des überaktiven Kindes hat seine eigenen Regeln.

Hinter dem Problemverhalten Ihres Kindes steckt keine böse Absicht.

Planen Sie einen geregelten Tagesablauf

Planen Sie den Tagesablauf so, dass Aufstehen, Mahlzeiten, Zu Bett-Gehen, Hausaufgaben- und Spielzeiten festgelegt sind. Das erspart Ihnen, jeden Tag aufs Neue eine Debatte darüber zu führen, was wann von wem zu tun ist. Außerdem ist eine klare und vor allem verlässliche Struktur für überaktive Kinder eine wichtige Orientierungshilfe. Sie werden unruhig, wenn sie nicht wissen, was auf sie zukommt.

Tun und nicht reden

Vermeiden Sie wortreiche Erklärungen und Drohungen. Formulieren Sie klar, was zu tun ist und welche Regeln gelten. Dazu gehört auch, dass das Kind weiß, welche Konsequenzen es erwartet, wenn es anders handelt. Tritt der Fall ein, dass eine Regel gebrochen worden ist, sorgen Sie bitte dafür, dass auch die Folgen unmittelbar eintreten und nicht erst, wenn sich Ihre Wut entsprechend gesteigert hat. Das passiert leicht, wenn Sie zum Beispiel das Gefühl haben, alles schon mehrmals erklärt und angemahnt zu haben. Handeln Sie ruhig und überlegt gleich bei der ersten Regelübertretung. Wenn Sie es einmal durchgehen lassen, dass eine Regel überschritten wird, entwickelt sich leicht ein Machtkampf, in dem das Kind austestet, wie oft es „davonkommt“. Sie werden ziemlich sicher den Kürzeren ziehen, weil Ihnen irgendwann der Geduldsfaden reißt. Sie tun dann vielleicht etwas, was Sie später bereuen, zu dem Sie nicht stehen können und das vielleicht über das Ziel hinausschießt.

Klare Strukturen im Alltag helfen allen Beteiligten.

Reden statt tun läuft letztlich darauf hinaus, dass Sie mahnen, kritisieren, moralisieren, schimpfen, nörgeln, bitten oder gar schreien. Das ist vergeudete Zeit und führt schlimmstenfalls zu weiteren Spannungen. Appelle an den guten Willen oder wiederholte Drohungen funktionieren nicht. Das überaktive Kind braucht direkte und konkrete Erfahrungen. Achten Sie daher darauf, dass Sie nur solche Konsequenzen androhen, die Sie auch wirklich durchsetzen können und wollen. Achten Sie darauf, dass die Bezugspersonen, zum Beispiel die Eltern, aber auch Erzieher, in dieser Hinsicht einheitlich handeln.

◀ Gelungene Anreize erleichtern das Stillsitzen.

Informieren Sie sich

Je mehr Sie über die Probleme Ihres Kindes wissen, desto besser können Sie es unterstützen. Erkundigen Sie sich bei Beratern, Schulpsychologen und Erziehungsberatungsstellen. Selbsthilfegruppen haben Material zusammengestellt, und auch im Internet werden Sie fündig. Geben Sie die wichtigsten Informationen auch an die Lehrer und Lehrerinnen Ihres Kindes weiter und tauschen Sie sich mit ihnen aus.

Stellen Sie einige wenige Regeln auf, die Sie konsequent durchsetzen können.

Vielleicht schließen Sie sich sogar selbst einer Selbsthilfegruppe an, es gibt sie in vielen Regionen. Das hilft in schwierigen Situationen, und es tut einfach gut zu hören, dass andere Familien ganz ähnliche Schwierigkeiten haben und Sie nicht allein dastehen.

Machen Sie nicht zu viel auf einmal

Versuchen Sie, sich auf das Wesentliche zu beschränken, wenn Sie Regeln aufstellen. Wenn Sie zu viele Regeln gleichzeitig einführen, können Sie nicht auf die Einhaltung achten, und das beschädigt die Ernsthaftigkeit der Vereinbarung. Zu viele Regeln auf einmal fordern außerdem den Widerstand des Kindes heraus. Kein Mensch lässt sich gern vollständig reglementieren, auch Kinder mit Konzentrationsschwierigkeiten nicht. Stellen Sie also lieber wenige, aber dafür klare Regeln auf. Am besten ist es, wenn Sie mit dem Kind gemeinsam die Regeln aufstellen.

Der Erfolg wird nicht ausbleiben, wenn Sie konsequent bleiben, aber erwarten Sie ihn nicht über Nacht. Es dauert noch einmal eine Weile, bis sich das veränderte Verhalten stabilisiert. Rückschläge sind immer wieder möglich. Lassen Sie sich aber davon nicht dazu verleiten, wieder in die alten Muster zurückzufallen.

- Verkneifen Sie sich Schimpf- und Drohtiraden.
- Ignorieren Sie unerwünschte Verhaltensweisen.
- Äußern Sie Kritik ruhig und sachlich.
- Erwarten Sie nicht zu viel auf einmal.
- Achten Sie vor allem auf das Positive.
- Loben Sie direkt und sagen Sie dem Kind konkret, was Ihnen gefallen hat.

Ignorieren Sie Dinge, die noch nicht so gelungen sind

Die kurze Konzentrationsspanne, Unbeherrschtheit und Rastlosigkeit bringen es mit sich, dass dem Kind mehr Dinge misslingen als gelingen. Sie möchten es laufend zu weiteren Verbesserungen und neuen Bemühungen anhalten – eine verständliche Reaktion. Sie führt jedoch in die falsche Richtung. Versuchen Sie unbedingt auf die geglückten Dinge zu achten. Loben Sie das Kind oft und sofort, sobald sich der kleinste Anlass bietet. Wenn Ihr Kind 20 Minuten am Stück ruhig gearbeitet hat, loben Sie es dafür – auch wenn die Aufgabe nicht vollständig erledigt und die Schrift nicht besonders schön ist. Kein „aber ...", reine Anerkennung tut Not.

Achten Sie auf das Positive und übergehen Sie das „Ja aber ...".

Wenn es unbedingt sein muss, sprechen Sie einige wenige Kritikpunkte an. Formulieren Sie diese sachlich und ruhig. Sagen Sie das, was Sie sagen wollen, ein einziges Mal. Zumeist führt Tadel nur kurzfristig dazu, dass Ihr Kind das Verhalten ändert. Stabile Verbesserungen stellen sich leichter mit Lob ein.

Sprechen Sie in Ruhe mit Ihrem Kind

Geben Sie nicht auf, mit dem Kind zu sprechen, auch wenn Sie den Eindruck haben, dass es kaum zuhört und immer ins Wort fällt.

Und versuchen Sie, Ihrem Kind zuzuhören. Geben Sie ihm Zeit, seine Gedanken und Gefühle zu äußern. Damit zeigen Sie ihm, dass Sie wissen wollen, wie es ihm geht und was in ihm vorgeht. Einem Menschen zuhören bedeutet, ihn ernst zu nehmen. Wenden Sie sich Ihrem Kind beim Zuhören ganz zu. Überaktive Kinder wirken oft so, als müssten sie mindestens zwei Dinge gleichzeitig tun, sind aber sehr schnell irritiert, wenn ihre Gesprächspartner ähnlich unruhig sind. Unterbrechen Sie Ihre Arbeit, wenn Sie mit dem Kind reden wollen. Auch wenn Sie zuhören können, während Sie Staub wischen, bügeln, fernsehen, kochen oder einen Schrank einräumen: Legen Sie Ihre Arbeit hin und wenden Sie sich vollständig dem Kind zu. Wenn das nicht geht, verschieben Sie das Gespräch auf später. Lassen Sie sich nicht in ein Gespräch verwickeln, das womöglich unbefriedigend verläuft.

Tipp

Lassen Sie sich ein Gespräch nicht entgleiten. Wählen Sie Momente, in denen Sie und das Kind dazu bereit und aufnahmefähig sind. Gespräche, bei denen sich der Ärger schon aufgestaut hat, die „nebenbei“ oder nach Zank, einem Misserfolg, bei Stress und Müdigkeit oder kurz vor einem größeren Ereignis geführt werden, sind in aller Regel nutzlos.

Sie sollten stets versuchen, für Gespräche den richtigen, ruhigen Zeitpunkt zu suchen.

Wenn Ihr Kind sowieso gerade sehr angespannt ist, hat ein Gespräch keinen Sinn. Wenn Ärger und Spannung, Misserfolge oder Frustrationen in der Luft liegen, ist ein offenes Gespräch zum Scheitern verurteilt. Warten Sie, bis Sie und das Kind wieder ruhig und entspannt sind. So können Sie auch aggressive Töne vermeiden und geben einer sachlichen, ruhigen Auseinandersetzung eine Chance. Ermutigung wirkt, wenn das Kind gerade einen Erfolg erlebt hat, nach einem Misserfolg kommt sie eher als ein billiger Trost an.

Halten Sie während des Gesprächs Blickkontakt mit dem Kind. Benutzen Sie eine klare Sprache und versuchen Sie, sich selbst zurückzuhalten. Stellen Sie sicher, dass Sie das Kind richtig verstanden haben, indem Sie nachfragen oder seine Worte sinngemäß wiederholen. Geben Sie dem Kind das sichere Gefühl, dass im Moment nur dieses Gespräch wichtig ist.

Machen Sie Urlaub vom Kind

Das Leben mit einem überaktiven Kind ist anstrengend. Sie stoßen wahrscheinlich häufiger, als Ihnen lieb ist, an Ihre Grenzen. Sie fühlen sich an manchen Tagen irgendwo zwischen verrückt und niedergeschlagen.

Sorgen Sie für sich selbst. Pflegen Sie Ihren Freundes- und Bekanntenkreis. Geben Sie nicht alles auf, weil Sie meinen, Ihr Kind beansprucht Sie vollständig. Manchmal brauchen Sie eine Ruhepause und andere Gedanken. Eltern, insbesondere Mütter, von überaktiven Kindern stoßen oft auf Unverständnis. Die eigenen Eltern, sogar der Partner verstehen das Problem nicht. Und es kommt nicht selten vor, dass die Nervensägen bei den Großeltern tatsächlich recht pflegeleicht sind. Die Mütter erhalten die Kinder zurück und ein paar gute Ratschläge obendrein. Sie sind selten wirklich hilfreich.

Suchen und gönnen Sie sich Entlastung von der Erziehungsarbeit. Abstand tut gut.

Ähnliche Effekte stellen sich mitunter auch beim Ehemann ein. Sie halten die Klagen über das Kind für übertrieben und verstehen die „Jammerei“ nicht.

Der Vorführeffekt

Florian ist neun und lebt mit seinen Eltern in einem großzügigen Haus. Er hat sein eigenes Zimmer und viele Spielsachen, auch einen eigenen Computer und einen Fernseher. Florian geht jetzt in die dritte Klasse. Im ersten Halbjahr der ersten Klasse hat man Hyperaktivität diagnostiziert. Er nimmt täglich am Morgen eine Dosis Ritalin, bevor er in die Schule geht. Zu Hause soll er das Medikament nicht mehr nehmen. So ist Florian nachmittags und abends meist sehr unruhig, schnell abgelenkt und ungehorsam.

Die Mutter ist mit Florian und seiner zwei Jahre jüngeren Schwester tagsüber allein, weil der Vater als Mitarbeiter einer großen Bank oft Überstunden macht und viel unterwegs ist. Kommt er nach Hause, ärgert er sich oft darüber, dass seine Frau so ausgelaugt ist und förmlich darauf brennt, ihm von dem Kampf mit den Kindern zu erzählen. Nach einem langen und anstrengenden Arbeitstag will er davon nichts hören. Er sagt ihr, dass er manchen Tag sehr froh wäre, er könnte zu Hause bei den Kindern bleiben anstatt sich im Büro zu plagen. Um das zu beweisen, bringt er die Kinder ins Bett. Der Vater verspricht Florian, ihm eine Geschichte vorzulesen, wenn Waschen und Zähneputzen flott gehen. Die Mutter traut ihren Augen nicht, als sie sieht, wie zügig Florian sich bettfertig macht. Nichts geht zu Bruch, es fallen ihm nicht wie üblich hundert Dinge ein, die er noch erledigen will. Lammfromm liegt er im Bett und lässt sich vorlesen. Der Vater knipst das Licht aus und sagt seiner Frau: „Siehst du, so macht man das!“

Mütter sind im Alltag mit überaktiven Kindern am stärksten strapaziert. Sie brauchen Verständnis.

Damit Sie Energie haben, um den Alltag mit einem überaktiven Kind zu bewältigen, ist es einfach notwendig, dass Sie wissen, wo Sie Kraft schöpfen können. Ohne Möglichkeiten zum Auftanken halten Sie nicht durch.

◀ Stetes Chaos ist sehr kräftezehrend – für alle Beteiligten.

Sorgen Sie für Ausgleich, sorgen Sie für sich!

- Vereinbaren Sie mit Ihrem Partner verbindlich, wie Sie sich die Betreuung der Kinder aufteilen.
- Nehmen Sie sich die Zeit für Ihre Hobbys und Interessen.
- Treffen Sie Freunde und Bekannte regelmäßig.
- Entschärfen Sie kritische Situationen, zum Beispiel indem Sie den Krisenherd Hausaufgabenbetreuung abgeben.
- Schaffen Sie Routinen bei den Essens- und Zubettgehzeiten und anderswo, damit die Abläufe nicht immer neu ausgehandelt werden müssen.
- Tragen Sie Ihrem Kind nicht alles hinterher. Sie setzen sich damit nur selbst unter Druck.
- Gestehen Sie sich das Recht zu, an sich zu denken.
- Schützen Sie Ihre Partnerschaft. Unternehmen Sie einmal etwas ohne Ihre Kinder. Reden Sie nicht immer nur über die Schwierigkeiten mit den Kindern.
- Lernen Sie, Hilfe anzunehmen.

Unterstützen Sie das Kind durch Lob und Anerkennung

Im Zusammenleben mit überaktiven Kindern müssen Sie den Blick immer wieder auf das Positive lenken. Das ist das wichtigste und zugleich das schwerste Prinzip.

Lob und andere Kleinigkeiten

Daniel, acht Jahre, ist ein sehr lebhafter Junge. Er flitzt durch die ganze Wohnung und spielt „Rennauto". Er begleitet seine Runden mit den entsprechenden Geräuschen, lässt den Motor aufheulen und die Bremsen quietschen. Seine Mutter sitzt mit seiner kleinen Schwester am Tisch und übt Lesen. Immer wieder ermahnt die Mutter Daniel, dass er nicht so einen Lärm machen und mit der Herumrennerei aufhören soll. Schließlich störe das die Schwester beim Lesen. Daniel geht in sein Zimmer, dreht Musik auf und trommelt auf seinem Schrank den Takt dazu. Die Mutter ist schon ärgerlich und droht: „Wenn du jetzt nicht Ruhe gibst, darfst du am Samstag nicht mit Vati zum Fußballspiel!" Das beeindruckt Daniel. Er setzt sich an seinen Schreibtisch und malt. Es wird ruhig im Haus und die Mutter setzt sich zufrieden wieder zu ihrer Tochter. Nicht zehn Minuten dauert es, bis Daniel wieder herumsaust: „Tatü, tatü! Ich bin die Feuerwehr!" Die Mutter fragt sich entnervt, wie sie Daniel je zur Ruhe bringen soll.

Es ist schon ein Kunststück, den Blick für das Positive zu finden. Daniel, zum Beispiel, nervt. Er stört die Konzentration seiner Schwester. Er bringt seine Mutter zur Verzweiflung. Was ist da zu loben?

Wenn man genau hinschaut, werden in dem Beispiel zwei Punkte erkennbar, die für Daniel ungünstig gelaufen sind: Erstens werden seine Bemühungen, leise zu sein, ignoriert. Daniel stellt sein lautes Spiel ein, die Mutter hat erreicht, was sie wollte. Es gibt aber keine Bestätigung, kein Lob. Denn im nächsten Moment wendet sie sich von Daniel ab. Damit wird das von Daniel gewünschte Verhalten nicht verstärkt. Er tut, was er soll, und prompt sitzt er alleine da. Die Schwester hat wieder alle Aufmerksamkeit. Der Mutter erscheint es überflüssig, Daniel für ein Verhalten zu loben, das eigentlich

Tipp

Listen Sie die wirklich wichtigen Punkte auf, die verändert werden müssen und die durchzusetzen sich lohnt. Keinesfalls sollte alles und jedes zum Streitpunkt werden. Manche Dinge sind bei näherer Betrachtung vielleicht doch nicht so bedeutend, wie man zuerst denkt.

selbstverständlich ist. Dabei übersieht sie, dass es für Daniel eben absolut nicht selbstverständlich ist, sein Spiel abzubrechen und leise zu sein. Irgendeine Form von Lob oder eine Belohnung wäre hier schon angemessen.

Das zweite Problem in diesem Beispiel besteht darin, dass die „Belohnung“ ganz weit entfernt ist: Erst am Samstag soll Daniel mit seinem Vater zum Fußball gehen dürfen. Die Belohnung ist keine richtige Belohnung, denn das war ja schon länger ausgemacht. Jetzt hätte man ihm das wieder weggenommen, was man ihm schon lange versprochen hat! Daniel kann sich auf nichts verlassen.

Bleiben Sie bei Vereinbarungen. Zeigen Sie Ihrem Kind, dass Sie verlässlich sind.

Also: Was hätte die Mutter tun können? Sie hätte Daniel eine Belohnung versprechen können, die er direkt einlösen kann, zum Beispiel, dass sie sich später für ihn Zeit nimmt, dass sie mit ihm spielt oder dass sie alle zusammen Eis essen gehen. Sinnvoll ist, eine Zeitspanne zu vereinbaren, in der Ruhe herrschen soll. Daran sollte man sich dann aber auch unbedingt halten. Überaktive Kinder sind besonders empfindlich, wenn es um Regeln geht. Sie reagieren stark, wenn Vereinbarungen nicht eingehalten werden, wenn „nur zehn Minuten“ dann nochmals um zehn Minuten verlängert werden.

Den Blick auf das Positive hat ein Kinderarzt, der viel mit überaktiven Kindern und ihren Eltern zu tun hat, einmal so beschrieben: Vergessen Sie die Fehlersuche und begeben Sie sich auf Schatzsuche! Sie können viel bewirken, wenn Sie Dinge unternehmen, bei denen Ihr Kind seine Talente beweisen kann.

Schlangengeschichten

Karsten, neun Jahre, erzählt dem Therapeuten: „Niemand interessiert sich dafür, was ich kann. Ich kann zum Beispiel ganz toll Ge-

schichten erzählen. Immer wenn ich das dann aufschreiben soll, sind sie weg. Das ärgert mich. Dann glaubt mir keiner, dass ich die Geschichten weiß.
Außerdem weiß ich eine Menge über Schlangen und Krokodile und so. Meine Lehrerin sagt aber immer, das wären eklige Tiere und sie will jetzt nichts davon hören, weil die erst in der Oberstufe vorkommen, ich glaube, in der fünften Klasse oder so. Das ist wirklich blöd von der."

Wenn ein Kind immer und immer wieder hört, dass seine Talente nicht interessieren, wird es über kurz oder lang gar keine Lust mehr haben, sich in irgendetwas zu vertiefen, sich entweder zurückziehen oder aggressiv und frech werden. Die Lust an der Schule und an allem, was damit verbunden ist, vergeht.

Gehen Sie auf die Talente und Interessen des Kindes ein – auch wenn Sie diese nicht immer teilen.

Schaffen Sie Entspannungsräume für sich und Ihr Kind

Das Zusammenleben mit einem überaktiven Kind ist im Alltag recht spannungsgeladen. Die Eltern „lauern" förmlich auf den nächsten Fehltritt, nicht absichtlich, aber nach so vielen Katastrophen kann man gar nicht anders, als sich innerlich auf die nächste einzustellen. Deswegen wird das überaktive Kind mehr als andere ermahnt und geschimpft und eindringlich auf die Verhaltensregeln hingewiesen. Die Eltern haben dauernd ein Auge auf das Kind und sind schon selbst ganz verkrampft. Man sitzt gemütlich beim Kaffee, aber die Mutter ist immer mit einem Ohr bei den spielenden Kindern. Sie sitzt auch neben Hausaufgaben, hält zur Arbeit an, mahnt, kontrolliert, tröstet, droht, hält Ablenkungen fern. Das

Vergessen Sie die Fehlersuche und begeben Sie sich auf Schatzsuche!

überaktive Kind fühlt sich ständig kritisiert und kontrolliert. Die Geschwister haben manchmal das Gefühl, dass sich niemand so recht um sie kümmert, während das überaktive Kind alle Aufmerksamkeit auf sich zieht.

Solche Mechanismen schleichen sich unausweichlich ein, wenn Sie nicht ganz bewusst gegensteuern. Planen Sie in Ihren Alltag Entspannungspausen und Spielzeiten ein. Achten Sie darauf, dass die Arbeitszeiten nicht endlos werden. Wenn Ihr Kind nach der vereinbarten Zeit mit seinen Aufgaben nicht fertig ist, machen Sie trotzdem Schluss, wenigstens für den Moment. Sie können dann besprechen, wann der Rest erledigt wird. Sprechen Sie sich diesbezüglich mit Lehrern und Lehrerinnen ab. Wenn Aufgaben immer nur unter Druck bearbeitet werden, bringt das jede Motivation auf den absoluten Nullpunkt.

Bauen Sie Entspannung und Spiel aktiv in Ihren Alltag ein.

Nehmen Sie sich mit Ihrem Kind die vereinbarte Spielzeit. Beim Spielen darf das Kind seine Ideen umsetzen. Reagieren Sie nur dann, wenn das Kind problematisches Verhalten zeigt und nicht bald wieder damit aufhört.

Ruhe können Sie auch mit Hilfe von Entspannungstechniken und Stille-Übungen finden. Das Angebot ist riesig, wählen Sie zusammen mit Ihrem Kind aus, was Ihnen gefällt.

Diese Entspannungstechniken gibt es

Es gibt unzählige Entspannungstechniken, besonders hilfreich sind:

- die progressive Muskelentspannung (nach Jacobsen)
- autogenes Training
- Stille-Übungen (nach Krowatschek)
- Igelmassage (mit einem Igelball, erhältlich im Reformhaus oder im Spielwarenhandel)
- psychomotorische Übungsbehandlung

Volkshochschulen und Familienbildungsstätten bieten Kurse an. Vielleicht haben Sie Lust, gemeinsam mit Ihrem Kind einen Kurs zu besuchen?

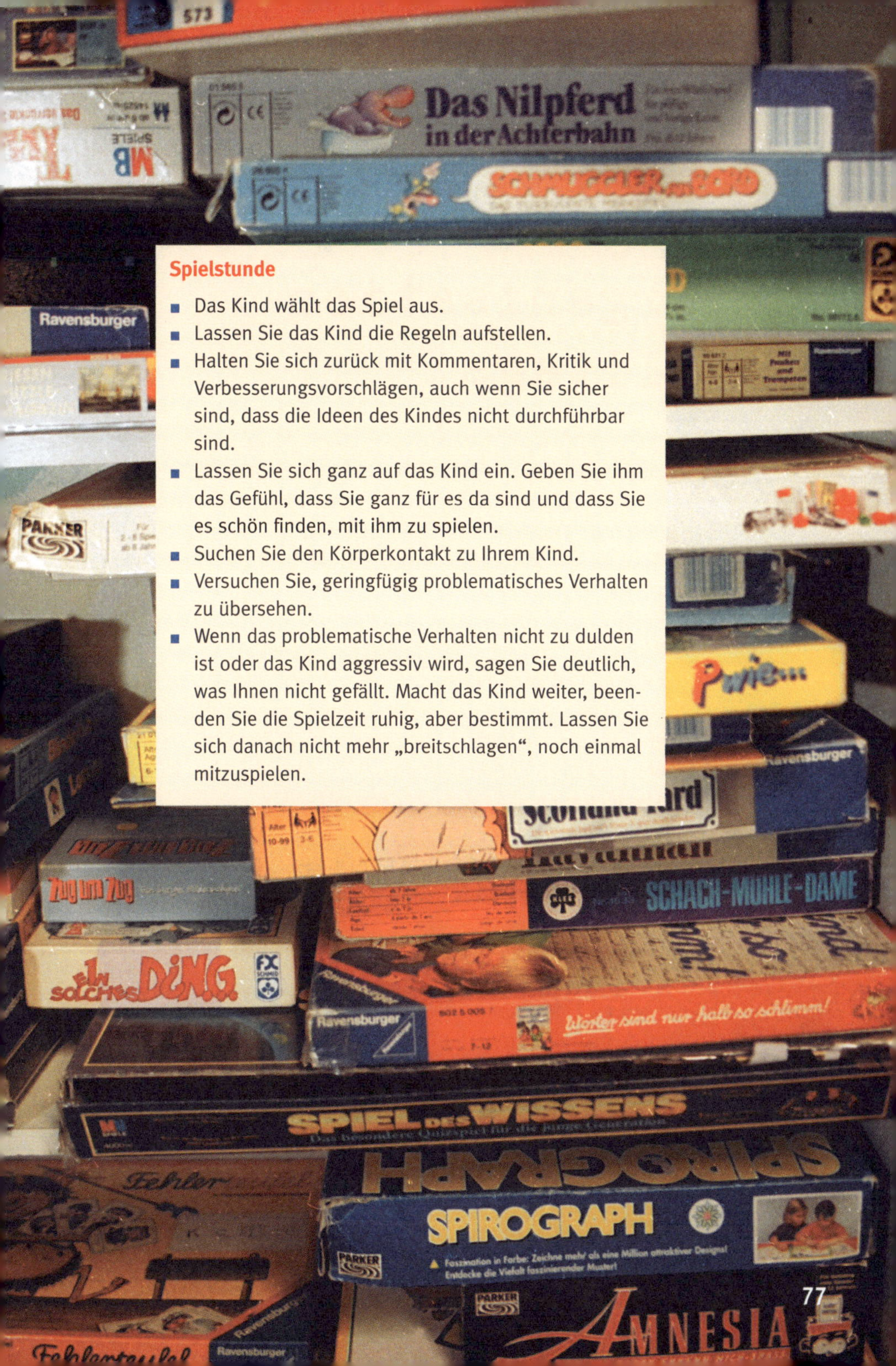

Spielstunde

- Das Kind wählt das Spiel aus.
- Lassen Sie das Kind die Regeln aufstellen.
- Halten Sie sich zurück mit Kommentaren, Kritik und Verbesserungsvorschlägen, auch wenn Sie sicher sind, dass die Ideen des Kindes nicht durchführbar sind.
- Lassen Sie sich ganz auf das Kind ein. Geben Sie ihm das Gefühl, dass Sie ganz für es da sind und dass Sie es schön finden, mit ihm zu spielen.
- Suchen Sie den Körperkontakt zu Ihrem Kind.
- Versuchen Sie, geringfügig problematisches Verhalten zu übersehen.
- Wenn das problematische Verhalten nicht zu dulden ist oder das Kind aggressiv wird, sagen Sie deutlich, was Ihnen nicht gefällt. Macht das Kind weiter, beenden Sie die Spielzeit ruhig, aber bestimmt. Lassen Sie sich danach nicht mehr „breitschlagen“, noch einmal mitzuspielen.

Die Organisation des Alltags

Das Leben mit überaktiven Kindern verlangt einiges an Organisation. Es fällt vor allem am Anfang nicht leicht, das Leben zu strukturieren. Um das zu erleichtern, wurden zwei Methoden entwickelt: der Wettkampf um lachende Gesichter und der Verhaltensvertrag.

Frieder soll während der Hausaufgabenzeit nicht so viel Lärm machen

Der siebenjährige Frieder soll weniger im Haus lärmen, während er und seine beiden Geschwister Hausaufgaben machen. Dafür haben die Eltern und Frieder diese Vereinbarung aufgeschrieben:
Mitspieler: Frieder, Mama, Papa
Spielregeln:

1. An jedem Tag wird um zehn lachende Gesichter gespielt.
2. Die Spielzeit beginnt am Montag bis Freitag um 14.30 Uhr und endet um 17 Uhr.
3. Mama und Papa dürfen ein Gesicht ausmalen, wenn Frieder
   a) Musik anmacht,
   b) im Haus herumläuft und Türen schlägt,
   c) in die Zimmer der Geschwister rennt.
4. Die lachenden Gesichter, die um 17 Uhr übrig bleiben, gehören Frieder, und er kann sie in seiner Farbe ausmalen.
5. Gewinner ist, wer die meisten lachenden Gesichter in seiner Farbe ausgemalt hat.

6. Der Gewinner kann seine Prämie sofort eintauschen, aber er kann sie auch sammeln und später gegen etwas Größeres eintauschen.

Tipp

Halten Sie Vereinbarungen schriftlich fest. Das gibt Sicherheit und vermittelt Verbindlichkeit und Ernsthaftigkeit. Halten Sie sich an die Vereinbarungen genauso, wie Sie das von Ihrem Kind erwarten.

Für so viele lachende Gesichter gibt es:

10 – abends eine Viertelstunde länger aufbleiben
30 – eine Runde Fußballspielzeit mit Papa
70 – eine Fahrt zum Abenteuerspielplatz

Zusatz: Wenn Mama und Papa eine Woche lang die meisten lachenden Gesichter hatten, übernimmt Frieder diese Aufgabe: Am Samstag den Hamsterkäfig sauber machen.

Alle Parteien unterschreiben und das Blatt wird an Frieders Kinderzimmertür aufgehängt.

Der Verhaltensvertrag beschränkt sich auf wenige, klar formulierte Ziele.

Ein Verhaltensvertrag unterstützt das Kind, erwünschtes Verhalten nach und nach zu lernen. Auch hier wird eine Vereinbarung zwischen dem Kind und den Erziehern getroffen. Diesmal steht in dem Vertrag genau, was das Kind tun soll, um sich Pluspunkte zu verdienen. Dabei sind im Wesentlichen dieselben Punkte wichtig wie beim Lachende-Gesichter-Wettkampf, nur dass in dem Verhaltensvertrag aufgeschrieben wird, was das Kind tun soll, und nicht, was es lassen soll, und Sie regelmäßig aufschreiben müssen, wie gut es dem Kind gelingt, sich an die Vereinbarungen zu halten. Das sollten Sie ihm auch sagen und gegebenenfalls die versprochenen Prämien überreichen. Als Belohnung sollten nicht so sehr materielle Dinge als vielmehr gemeinsame Aktivitäten dienen.

Hauptpreis: Fahrt zur Skating-Pipe

Die neunjährige Meike ist bei den Hausaufgaben immer ganz schnell abgelenkt und unruhig und fängt erst gar nicht an, weil ihr dauernd etwas anderes einfällt. Dieser Verhaltensvertrag soll ihr helfen, die Hausaufgaben geschickter anzugehen, und verpflichtet

Der Wettkampf um lachende Gesichter

Hier geht es darum, besonders häufiges Problemverhalten zu verbessern.

- Listen Sie Verhaltensweisen auf, die sehr stören und wirklich geändert werden müssen. Besprechen Sie die Liste mit anderen. Die Erzieher sollten sich unbedingt einig sein.
- Klären Sie das Problem und was verändert werden soll möglichst genau. Wenn das Kind aufhören soll, seine Schulbücher zu vermalen, vereinbaren Sie, ob das auch für Arbeitshefte und Übungsblätter, die der Lehrer ausgeteilt hat, gilt. Dann können Sie später genauer beurteilen, ob das Vorhaben gelungen ist.
- Legen Sie die Dauer des Wettkampfs fest.
- Insgesamt gibt es eine bestimmte Anzahl „lachende Gesichter" zu gewinnen. Zeichnen Sie diese auf einem Spielplan auf. Wenn das Kind das Problemverhalten zeigt, malen die Eltern ein Gesicht mit „ihrer" Farbe aus.
- Am Ende der Spielzeit wird ausgewertet: Wie oft kam das unerwünschte Verhalten vor? Die nicht ausgemalten Gesichter darf das Kind mit seiner Farbe ausmalen. Am Ende wird gezählt, wer mehr Gesichter gewonnen hat: die Eltern oder das Kind.
- Das Kind hat den Wettkampf gewonnen, wenn es nach einer vereinbarten Zeit mehr Gesichter gesammelt hat als die Eltern. Umgekehrt haben die Eltern „gewonnen", wenn sie mehr Punkte gesammelt haben als das Kind.
- Tauschen Sie jetzt die gewonnenen Punkte gegen die zuvor bestimmte Belohnung ein.

die Mutter, nicht immer daneben zu sitzen und dauernd zu kritisieren.
Meike und Mama treffen diese Verabredung:

- Meike fängt ihre Hausaufgaben jeden Tag um drei Uhr an.
- Meike erledigt alles Wichtige vorher:

Ich gehe aufs Klo.
Ich räume meinen Schreibtisch frei.
Ich mache meine Musik aus.
Ich verabrede mich zum Spielen.

- Meike bleibt 20 Minuten in ihrem Zimmer und an ihrem Schreibtisch.

Klare Vereinbarungen treffen und notieren.

Für jeden Punkt, den Meike schafft, bekommt sie eine Spielmarke.
Die Spielmarken kann Meike gleich eintauschen oder sammeln.
Für so viele Spielmarken gibt es:
3 abends eine Viertelstunde länger lesen
6 gemeinsames Kochen von Meikes Lieblingsspeise
10 eine Fahrt zur Skating-Pipe
Zusatzregeln:
Meike kann sich Spielmarken dazuverdienen, wenn sie am Wochenende etwas für die Schule arbeitet.
Mama wartet zehn Minuten, bis sie in Meikes Zimmer geht und schaut, ob Meike mit den Hausaufgaben zurechtkommt.
Der Vertrag wird von Meike und ihrer Mutter unterschrieben.

Verhaltensverträge haben den Sinn, Kindern und Eltern eine genaue Orientierung zu geben über die gegenseitigen Erwartungen. Das kann die Lage entspannen, weil in der Familie nicht jedes Mal neu ausgehandelt werden muss, was getan werden soll. Man hat es schwarz auf weiß und kann sich darauf konzentrieren.

Die Geschwister

Das überaktive Kind gewinnt in der Familie oft eine Sonderstellung. Es fühlt, dass es mehr beachtet wird und mehr negative Reaktionen hervorruft, und beginnt sich nun zu fragen, ob es denn

> **Tipp**
>
> Treffen Sie für die Hausaufgaben Regelungen, die möglichst einfach und klar sind. Verhandeln Sie nicht jeden Tag neu, was wann zu tun ist. Nehmen Sie dabei auch in Kauf, dass zum Beispiel Hausaufgaben fehlen, wenn das Kind die Regeln nicht einhält.

„böse“ sei und anders als die Geschwister. Oft werden ihm die Geschwister als Vorbild vorgehalten. Das sollten Sie unbedingt vermeiden. Das überaktive Kind sieht von ganz allein, dass die Geschwister bestimmte Dinge besser können.

Es ist auch für die anderen Geschwister nicht so günstig, wenn sie als Vorbild hingestellt werden. Sie lernen auf diese Weise auch nicht, sich in die Situation ihres überaktiven Geschwisters einzufühlen. Es ist auf jeden Fall ein Problem, wenn die Geschwister wahrnehmen, dass sich die Aufmerksamkeit der Eltern um das Problemkind dreht, um das Kind, das ständig irgendetwas anstellt, zerbricht, vergisst und vermurkst. Bruder und Schwester verstehen oft nicht, wieso alle immer nur um dieses eine, überaktive Geschwister besorgt zu sein scheinen. Das überaktive Kind wird für Dinge gelobt, die bei den anderen als selbstverständlich gelten. Hier kann sich ein neuer Konflikt anbahnen.

Vergleichen Sie die Kinder nicht miteinander. Heben Sie nicht ein Kind als „leuchtendes“ Vorbild vor den anderen hervor. Loben Sie alle Kinder nach ihren Talenten und Möglichkeiten.

Es ist trotz aller Belastungen wichtig, dass die Geschwister auch zu ihrem Recht kommen. Als Eltern wird Ihnen da eine Gratwanderung abverlangt. Einerseits sollen die Geschwister lernen, dass das überaktive Kind ein anderes Temperament hat und es sein Verhalten nicht so beherrschen kann wie sie. Andererseits sollen sie lernen, sich mit dem überaktiven Bruder auseinander zu setzen, ohne dauernd zu denken: „Ach, der Arme ist ja krank.“

Wie erklärt man das Problem seinen anderen Kindern? Vielleicht so: Der überaktive Bruder oder die Schwester hat ein Problem mit der inneren Bremse und mit der inneren Lenkung. Sie können ihren inneren Motor nicht so gut stoppen, der macht manchmal, was er will. Auch das Lenkrad ist anders. Es läuft hin und wieder aus dem Ruder. Trotzdem kann jeder lernen, damit umzugehen.

Ein paar Tipps für die Hausaufgaben

- Legen Sie regelmäßige Hausaufgabenzeiten fest. Achten Sie dabei auf die Anfangszeiten und zugleich auf eine vernünftige Zeitspanne. Es ist für die Kinder leichter, bei der Sache zu bleiben, wenn sie ein Ende absehen können. Eine Uhr mit großen Zeigern kann die Zeiteinteilung unterstützen. Wenn das Lesen der Uhr Probleme macht, kann man eine Sanduhr benutzen.
- Schaffen Sie zusammen mit dem Kind einen angemessenen Arbeitsplatz. Alles, was nicht benötigt wird, kommt außer Reichweite. Alle notwendigen Hilfsmittel werden zurechtgelegt.
- Bei den Hausaufgaben fängt man am besten mit einer leichten Aufgabe an, die Spaß macht. Man kann sich das so vorstellen, dass sich das Gehirn erst „warm laufen" muss. Danach geht man die schwierigeren Aufgaben an.
- Machen Sie mit dem Kind vorher einen Plan, in welcher Reihenfolge die Aufgaben bearbeitet werden sollen. Man kann sich Zettel an die Pinnwand heften. Dann sieht das Kind, dass es vorankommt. Das hilft, um bei der Sache zu bleiben.
- Loben Sie Ihr Kind, wenn es die Hausaufgabenzeiten erfüllt hat. Tun Sie das auch dann, wenn Sie mit der Qualität der Hausaufgaben nicht einverstanden sind.
- Beginnen Sie während der Hausaufgaben keine Debatten über unerwünschtes Verhalten.
- Wenn die Hausaufgaben ein einziger Kampf sind, kann es am besten sein, die Betreuung an eine andere Person abzugeben.

Serviceteil

Nützliche Adressen für Deutschland

Bei den folgenden Vereinigungen erhalten Sie Informationen zum Thema Hyperaktivität, Aufmerksamkeitsstörungen und Konzentrationsschwierigkeiten. Sie wurden zumeist auf Initiative von Eltern und engagierten Ärzten und Therapeuten gegründet. Einige Verbände helfen auch betroffenen Jugendlichen und Erwachsenen weiter.

ADS e.V.
Elterninitiative zur Förderung von Kindern mit Aufmerksamkeits-Defizit-Syndrom mit/ohne Hyperaktivität
Postfach 1211
71366 Weinstadt

Bundesverband der Elterninitiativen zur Förderung hyperaktiver Kinder e.V.
Postfach 60
91291 Forchheim
Telefon 09191/34874

Bundesarbeitsgemeinschaft zur Förderung der Kinder und Jugendlichen mit Teilleistungsstörungen
Wendelinstr. 64
50933 Köln
Telefon 0221/4995998

Arbeitskreis überaktives Kind e.V.
Beratungsstelle
Dietrichsstraße 9
30159 Hannover
Telefon 0511/3632729

Juvemus
Vereinigung zur Förderung von Kindern und Erwachsenen mit Teilleistungsschwächen e.V.
Obergraben 25
56567 Neuwied

Bundeselternrat (BER)
Grantham-Allee 20
53757 St. Augustin
Telefon: 02241/865-263/-264
Fax: 02241/865265
E-Mail: Bundeselternrat@gmx.de
www.bundeselternrat.de

Fachverband für integrative Lerntherapie e.V.
Geschäftsstelle
Obere Straße 45
72119 Ammerbuch
Telefon: 07073 / 1659
www.lerntherapie-fil.de

Bundesverband Aufmerksamkeitsstörung / Hyperaktivität (ADS, Hyperaktivität, etc.)
Postfach 60
91291 Forchheim
www.osn.de/user//hunter/badd.htm

Bundesverband „Arbeitskreis überaktives Kind e.V." (BV AÜK)
Postfach 410724
12117 Berlin
Telefon: 030/85605902
Fax: 030/85605970
www.auek.de

Initiative zur Förderung rechenschwacher Kinder (IFRK) e.V.
Siegfried Walter
Höhenstraße 20
75239 Eisingen (Baden)
www.home.t-online.de/home/ifrk.walter/

Bundesverband Legasthenie
Königsstraße 32
30175 Hannover
Telefon: 0511/31 87 38
www.legasthenie.net

Bundesverband Deutscher Psychologinnen und Psychologen
Sektion Schulpsychologie
Dr. Bernd Jötten
Kirschenweg 3
29223 Celle
Telefon: 05136/60 85
www.schulpsychologie.de

Internettipps

Die aufgeführten Adressen stellen nur einen kleinen Auszug dar. Sie wurden nach folgenden Kriterien ausgewählt:

- Sie werden von Experten gepflegt und aktualisiert.
- Es wird auf Fachwissen Wert gelegt.
- Die Seiten haben bundesweite Relevanz.
- Sie sind wirklich informativ, enthalten zum Beispiel wissenschaftliche Texte, Links und Literaturverzeichnisse.
- Sie bieten ein Gesprächsforum.

www.ads-hyperaktivitaet.de
Eltern betroffener Kinder finden Online-Artikel über ADHS sowie zahlreiche Adressen von Elterngruppen. Austauschforum für Erwachsene und Jugendliche mit ADS. Überblick über die aktuelle Fachliteratur gegeben. Eine Linkliste weist auf andere Internetseiten hin und ein Veranstaltungskalender informiert über bundesweite Termine.

www.hyperaktiv.de
Enthält viele Informationen zu Forschung und Praxis. Die Autoren bereiten Wissen aus dem Gebiet der Neurobiologie und Therapie auf. Andere Unterseiten enthalten Tipps für Lehrer und Eltern und es gibt ein großes Diskussionsforum.

www.kinderpsychiater.org/linksads.htm
Hier werden vielfältige Links zu allen Themen der ADHS geboten: Literatur, Diagnostik, Therapie, Fachseiten, Adressen der Bundesverbände, Elterngruppen etc. Die Links sind allgemein verständlich kommentiert und nur seriöse Angebote aufgeführt.

www.osn.de/user/hunter/badd.htm
Auf dieser Seite präsentiert sich der Bundesverband Aufmerksamkeitsstörung / Hyperaktivität, ehemals der Bundesverband der Elterninitiativen zur Förderung hyperaktiver Kinder. Auf dieser Seite findet man auch Hinweise auf Literatur zum Thema und weitere Links sowie eine „Landkarte der Regionalgruppen", die betroffene Eltern gegründet haben.

www.bildungsserver.de/zeigen.html?seite=793
Diese Seite, die vom Deutschen Bildungsserver verwaltet wird, ist besonders für Lehrer und Lehrerinnen aller Schularten interessant. Hier finden Sie weitere Information und eine Vielzahl von Links, die pädagogische Fragestellungen aufgreifen, etwa welche Folgen Aufmerksamkeitsstörungen und Hyperaktivität für Schule und Unterricht haben, wie Lernschwierigkeiten und Aufmerksamkeitsstörungen zusammenhängen und was man aus pädagogischer Sicht tun kann.

www.auek.de
Im Bundesverband Arbeitskreis überaktives Kind sind Selbsthilfegruppen organisiert, die die Belange von hyperaktiven Kindern, Jugendlichen und Erwachsenen vertreten wollen. Auf der Internetseite stehen Kontaktadressen, Literaturempfehlungen und Veranstaltungshinweise. Der Verband bietet auch eine Liste eigener Publikationen an.

www.hypies.de
Eine Seite von Betroffenen für Betroffene. Dieser Internetauftritt ist von Menschen gestaltet, die selbst hyperaktiv sind. Sie geben aus ihrer Sicht praktische Tipps für den Umgang mit hyperaktiven Kindern und Jugendlichen in der Familie und in der Schule. Die Seiten sind vielfältig, schnodderig, heiter bis kritisch und kreativ. Die Information ist weniger systematisch als auf den anderen Seiten, dafür aber unterhaltsam und lebensecht.

Nützliche Adressen für Österreich

Landesverband der Elternvereine an den öffentlichen Pflichtschulen
Wipplingerstraße 28
1010 Wien
Telefon: 4071899
E-Mail:
landesverband.wien@wbn.wien.at
www.elternverband-wien.at

Eine Nachhilfeeinrichtung mit guter Reputation ist die so genannte „Schülerhilfe". Die Institute in Österreich finden Sie unter:
www.abc-schuelerhilfe.de/indexıhtm

Weitere lokale, kleinere Anbieter von Nachhilfeunterricht erfragen Sie an den regionalen Schulpsychologischen Beratungsstellen der Landesschulräte. Zentrale Anfragen richten Sie bitte an:

Schulpsychologische Bildungsberatung im BMBWK
Telefon: Susanna Herdin
01/53120 – 2583
E-Mail:
schulpsychologie@bmbwk.gv.at
www.bnbwk.gv.at
Unter der Internetadresse können Sie ein umfassendes Angebot an Lernhilfen bestellen (wählen Sie bei „Service" den Button „Medienservice").

Verband der Elternvereine an höheren Schulen Wiens (AHS, BMHS)
Friedlgasse 53/4
1190 Wien
Telefon 01/328231
E-Mail: elternverband@utanet.at
www.elternverband.at
Dachverband der Elternvereine an den Höheren und Mittleren Schulen

Wiener Familienbund
Neubaugasse 66
1070 Wien
Telefon 5268219
familienbund-wien@aon.at
www.familienbund.at

Nützliche Adressen für die Schweiz

Verband SKJP
Schweizerische Vereinigung für Kinder- und Jugendpsychologie
Hauptgasse 35
Postfach 1029
CH-4500 Solothurn
Telefon: 41 32 6 21 30 30
Telefax: 41 32 6 21 30 38
E-Mail: info@skjp
www.skjp.ch

Schweizerische Vereinigung der Elternorganisationen SVEO
Sekretariat
Fliederstraße 9
8908 Hedingen
Telefon: 01/7 61 83 23
Telefax: 01/7 61 83 42
E-Mail: sveo@rat.ch
www.sveo.rat.ch
Dachverband von Elterngruppen in der deutschsprachigen Schweiz

Internettipp

www.adhs.ch
Medizinisch-psychologisch fundierte Seite, die umfangreiche Informationen zu Diagnose und Therapie enthält. Im Elternratgeber werden häufig gestellte Fragen beantwortet und konkrete Verhaltenstipps gegeben. Per E-Mail sind weitere Fragen an die Autoren der Seite möglich. Interessant für Eltern und Lehrer sind die Beiträge und Diskussionen über Therapieformen der ADHS (u. a. zur Pharmakotherapie). Die Autoren stellen mehrere Fragebögen zur privaten Nutzung zur Verfügung, die Eltern als Orientierung dienen können. Die Seite enthält außerdem eine Vielzahl an internationalen Links.

Literaturtipps

Wenn Sie sich weiter über Aufmerksamkeitsstörungen und Hyperaktivität informieren wollen, können Sie sich an dieser Liste orientieren. Einige Bücher sind eher wissenschaftlich ausgerichtet, andere stärker praktisch orientiert. Die kurze Beschreibung will Ihnen bei der Auswahl helfen.

R.A. Barkley: Das große ADHS-Handbuch für Eltern.
Bern (Huber) 2002
Der Autor ist ein amerikanischer Spezialist für Therapie von Kindern und Jugendlichen mit ADHS. In seinem Handbuch geht er auf die neueste wissenschaftliche Forschung zum Thema ein und erklärt eingehend und verständlich die Ursachen von ADHS. Er stellt ein Trainingsprogramm vor, das Eltern helfen soll, mit den Besonderheiten eines AD(H)S-Kindes umzugehen. Insgesamt ist das Buch sehr lösungsorientiert und appelliert an die Verantwortung der Erzieher, eine angemessene Lebens- und Lernumgebung für Menschen mit AD(H)S zu schaffen.

Manfred Döpfner, J. Frölich & G. Lehmkuhl:
Ratgeber hyperkinetische Störungen.
Göttingen (Hogrefe) 2000
Der schmale Band für Eltern, Lehrer und Betroffene erklärt Symptome, Ursachen und Behandlungsmöglichkeiten von AD(H)S, vor allem die psychologische Seite der Problematik. Außerdem werden Handlungsleitlinien für den Umgang mit überaktiven Kindern und Jugendlichen vorgestellt.

Manfred Döpfner, S. Schürmann & G. Lehmkuhl:
Wackelpeter und Trotzkopf.
Weinheim (Beltz) 2000
Dieser Band will Eltern und Betroffene darin unterstützen, die eigenen Verhaltensweisen und Bedürfnisse besser zu verstehen. Am Beispiel von konkreten Konfliktsituationen aus dem Alltag werden die Prinzipien von psychologischen Interventionen praxisnah il-

lustriert. Geeignet sowohl für Eltern, deren Kind in psychotherapeutischer Behandlung ist, als auch zum Selbststudium.

H. Holowenko: Das Aufmerksamkeits-Defizit-Syndrom. Wie Zappelkindern geholfen werden kann.
Weinheim (Beltz) 1999
Der Autor vermittelt kurz und bündig Informationen zum Thema Überaktivität und gibt konkrete Anleitungen, die die Arbeit mit überaktiven Kindern in der Schule und das Zusammenleben zu Hause erleichtern können. Durch die Darstellung in Stichpunkten geht manchmal unter, dass die Dinge doch sehr verwickelt sind.

M. Imhof, K. Skrodzki & M. Urzinger: Aufmerksamkeitsgestörte, hyperaktive Kinder und Jugendliche im Unterricht.
Donauwörth (Auer) 2001
In diesem Buch, das sich eigentlich an Lehrer richtet, werden theoretisches Hintergrundwissen und praktische Handlungsleitlinien vorgestellt. Dabei werden vor allem solche Techniken betont, die die Strukturierung und Organisation von Lernen und Lehren unterstützen können.

D. Krowatschek: Entspannung in der Schule.
Dortmund (Borgmann) 1999
Auch dieses Buch wendet sich an Lehrer und Lehrerinnen und enthält Vorschläge, wie man mit Kindern und Jugendlichen im Rahmen des Unterrichts Entspannungsübungen durchführen kann. Auch Eltern können daraus Anregungen entnehmen.

G. W. Lauth, P. F. Schlottke & K. Naumann: Rastlose Kinder, ratlose Eltern.
München (dtv) 1999
Die Autoren greifen in ihrem Buch lösungsorientiert die Schwierigkeiten von Kindern mit AD(H)S in der Familie auf. Es werden praktische Ratschläge vertieft, wie man die Situation meistern kann. Das Buch ist gedacht für Eltern, deren Kind in psychotherapeutischer Betreuung ist.

Else Müller: Inseln der Ruhe.
München (Kösel) 1999
Hier finden Sie Entspannungsgeschichten, die an das autogene Training angelehnt sind. Die verschiedenen Fantasiereisen können in die Entspannungsübungen systematisch eingebaut werden. Die Texte enthalten ganz konkrete Anleitungen zum Üben auch zu Hause.

C. Neuhaus: Hyperaktive Jugendliche und ihre Probleme.
Berlin (Urania) 2000
Die Konzentrationsschwierigkeiten mit und ohne Hyperaktivität bestehen häufig auch über die Pubertät hinaus. Dieses Buch informiert über die speziellen Erscheinungsformen von AD(H)S bei Jugendlichen und jungen Erwachsenen und interpretiert die Verhaltensregeln und Handlungsprinzipien für deren Lebenswelt.

Wichtige Fachbegriffe

Die folgenden Begriffe finden Sie im Zusammenhang mit Konzentration und Aufmerksamkeitsstörungen immer wieder, hier erfahren Sie was sie bedeuten:

ADHS
Dieses Kürzel steht für Aufmerksamkeits-Defizit-Hyperaktivitäts-Syndrom. Dieser Name soll die Kernproblematik der Störung deutlich machen.

ADS
Als Aufmerksamkeits-Defizit-Syndrom beschreibt man die Variante, wenn Kinder eher verträumt und schusselig wirken, ohne aber die überschießende Motorik zu zeigen. Das ist besonders häufig bei Mädchen zu beobachten.

Diätbehandlung

Es gibt verschiedene Annahmen über Lebensmittel, die für die Kinder mit Aufmerksamkeitsstörungen besonders ungünstig seien, weil sie darauf allergisch reagieren, z.B. Zucker, Weizenprodukte. In wenigen Fällen können spezielle Diäten Erfolge bringen.

DSM

Diagnostisches und Statistisches Manual Psychiatrischer Krankheiten: Dieses Handbuch enthält die zumeist auf wissenschaftlichen Forschungen und praktischen Erfahrungen beruhenden Erkenntnisse über die Beschreibung verschiedener Störungen.

Genetische Ursachen

Man nimmt an, dass es zum Teil eine gewisse Veranlagung zu Aufmerksamkeitsstörungen und Hyperaktivität gibt. Man findet, dass sich dieses Verhalten in Familien häuft. Auch Zwillinge sind häufig gemeinsam davon betroffen.

Handlungsplanung

Die Fähigkeit, organisiert zu handeln,vorauszuplanen, die Handlung zu dosieren und, falls nötig, an die Situation anzupassen und zu bewerten. Dieser Zusammenhang fehlt den Kindern mit Aufmerksamkeitsstörungen und Hyperaktivität. Sie brauchen hier Hilfen, um Handlungsplanung zu lernen.

HKS

Die Bezeichnung Hyperkinetisches Syndrom stellt vor allem die beobachtbare motorische Unruhe in den Mittelpunkt.

ICD

In der International Classification of Diseases werden wie im DSM die Merkmale von Störungen aufgelistet und gruppiert.

Kernsymptome

Als Kernsymptome bezeichnet man diejenigen Verhaltensweisen, die bei einer bestimmten Problematik am häufigsten vorkommen und die Betroffenen am meisten beeinträchtigen. Im Falle von ADHS spricht man von drei Kernsymptomen: Aufmerksamkeitsschwierigkeiten, Hyperaktivität und Impulsivität.

Komorbidität
Unter Komorbidität versteht man den Umstand, dass einzelne Schwierigkeiten häufig gemeinsam aufteten. Kinder mit Aufmerksamkeitsstörungen sind häufig auch aggressiver als andere oder auch deutlich trotziger als vergleichbare Kinder.

Konzentrationsspanne
Das ist die Zeitspanne, die eine Person aktiv und effektiv bei einer Sache bleiben kann. Die Konzentrationsspanne vergrößert sich im Laufe der Entwicklung, ist aber immer auch bei verschiedenen Menschen unterschiedlich ausgeprägt.

Medikation
Damit ist die medizinische Behandlung gemeint. In vielen Fällen wird Kindern mit Aufmerksamkeitsstörungen ein Medikament verschrieben. Dieses Medikament, greift in die Arbeitsweise der Nervenbahnen ein.

Neurotransmitter
Dies sind Botenstoffe im Gehirn, die dafür sorgen dass die Wahrnehmung und das Verhalten eines Menschen reibungslos ablaufen.

Oppositionelles Verhalten
Davon spricht man, wenn sich Kinder aktiv den Anweisungen und Regeln von Erwachsenen oder einer Gruppe widersetzen.

POS
In der Schweiz wird für ADHS die Bezeichnung des frühkindlichen Psychoorganischen Syndroms verwendet.

Psychomotorische Übungsbehandlung:

Diese Form der Hilfe für Kinder mit Aufmerksamkeitsstörungen und Hyperaktivität baut auf dem Bewegungsdrang der Kinder auf. In geeigneten Bewegungslandschaften sollen die Kinder lernen, „Gaspedal und Bremse" einzusetzen, aber auch Gemeinsamkeit mit anderen durch das Spiel zu erfahren.

Sekundärsymptome

Man unterscheidet von den Kernsymptomen solche, die sich als Folge der ursprünglichen Problematik verstehen lassen. Folgesymptome von Aufmerksamkeitsstörungen können z.B. sinkende Lust am Lernen oder geringes Selbstvertrauen sein.

Stimulantien

Damit sind allgemein solche Medikamente oder auch Drogen (Nikotin, Koffein) gemeint, die auf den Menschen anregend wirken, das Gefühl von Wachsein und Aktivsein vermitteln, indem die Hirnaktivität verändert wird.

Syndrom

Man spricht von einem Syndrom, wenn, wie bei ADHS, eine Problematik aus verschiedenen Teilschwierigkeiten „zusammengesetzt" ist.

Verhaltenstherapie

Damit ist eine bestimmte Form psychologischer Behandlung gemeint. In verhaltenstherapeutischer Behandlung wird großer Wert darauf gelegt, dass bestimmte neue Verhaltensweisen gelernt und geübt werden. Man versucht durch Lob und Verstärkung das Verhalten der Betroffenen zu beeinflussen.

Diagnose: Beschreibung der Symptome

Um festzustellen, ob das Verhalten eines Kindes im klinischen Sinn auffällig ist, werden sogenannte Symptomlisten herangezogen, die aus der kinderpsychiatrischen Praxis und Forschung entwickelt werden. Die aktuelle List zur Beschreibung von Kindern mit Aufmerksamkeitsstörungen und Hyperaktivität enthält die folgenden Punkte:

Verhaltenskriterien

Diagnostische Kriterien für Aufmerksamkeitsdefizit-/Hyperaktivitätsstörung

Sechs (oder mehr) der folgenden Symptome von Unaufmerksamkeit sind während der letzten sechs Monate beständig in einem mit dem Entwicklungsstand des Kindes nicht zu vereinbarenden und unangemessenen Ausmaß vorhanden gewesen:

A. Unaufmerksamkeit

1. Beachtet häufig Einzelheiten nicht oder macht Flüchtigkeitsfehler bei den Schularbeiten, bei der Arbeit oder bei anderen Tätigkeiten.
2. Hat oft Schwierigkeiten, längere Zeit die Aufmerksamkeit bei Aufgaben oder Spielen aufrechtzuerhalten.
3. Scheint häufig nicht zuzuhören, wenn andere es ansprechen.
4. Führt häufig Anweisungen anderer nicht vollständig durch und kann Schularbeiten, andere Arbeiten oder Pflichten am Arbeitsplatz nicht zu Ende bringen (nicht aufgrund von oppositionellem Verhalten oder Verständnisschwierigkeiten).
5. Hat häufig Schwierigkeiten, Aufgaben und Aktivitäten zu organisieren.
6. Vermeidet häufig, hat eine Abneigung gegen oder beschäftigt sich häufig nur widerwillig mit Aufgaben, die länger andauernde geistige Anstrengung erfordern (wie Mitarbeit im Unterricht oder Hausaufgaben).

7. Verliert häufig Gegenstände, die er/sie für Aufgaben oder Aktivitäten benötigt (z. B. Spielsachen, Hausaufgabenhefte, Stifte, Bücher oder Werkzeug).

8. Lässt sich oft durch äußere Reize leicht ablenken.

9. Ist bei Alltagstätigkeiten häufig vergesslich.

Sechs (oder mehr) der folgenden Symptome der Hyperaktivität und Impulsivität sind während der letzten sechs Monate beständig in einem mit dem Entwicklungsstand des Kindes nicht zu vereinbarenden und unangemessenen Ausmaß vorhanden:

B. Hyperaktivität

1. Zappelt häufig mit Händen und Füßen oder rutscht auf dem Stuhl herum.

2. Steht (häufig) in der Klasse oder in anderen Situationen auf, in denen Sitzenbleiben erwartet wird.

3. Läuft häufig herum oder klettert exzessiv in Situationen, in denen dies unpassend ist (bei Jugendlichen und Erwachsenen kann dies auf ein subjektiv empfundenes Unruhegefühl beschränkt bleiben).

4. Hat häufig Schwierigkeiten, ruhig zu spielen oder sich mit Freizeitaktivitäten ruhig zu beschäftigen.

5. Ist häufig „auf Achse“ oder handelt oftmals, als wäre er/sie „getrieben“.

C. Impulsivität

1. Platzt häufig mit Antworten heraus, bevor die Frage zu Ende gestellt ist.

2. Kann häufig nur schwer warten, bis er/sie an der Reihe ist (bei Spielen oder in Gruppensituationen)

3. Unterbricht und stört andere häufig (platzt z.B. in Gespräche oder Spiele anderer hinein)

4. Redet häufig übermäßig viel.

Zusatz

Auftreten vor dem 7. Lebensjahr.